JN094135

この1冊が
合格へ導く

会社法法務士

認定試験

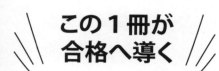

公式精選問題集

試験概要

【開催時期】

○６月と 12 月　年２回（年度により実施月は異なります。）

【問題数および制限時間】

○問題数：60 問

○制限時間：２時間 30 分

【受験料】

16,500 円（税込）

【解答方式／合格点】

○マークシートによる解答とします。

○正答率７０％以上で合格とします。

　ただし、問題の難易度により調整する場合があります。

【申込方法】

インターネットでお申込みの場合は下記アドレスよりお申し込みください。
https://www.joho-gakushu.or.jp/web-entry/siken/

郵送でお申込の場合は、下記までお問合せ下さい。

お問合せ先

一般財団法人 全日本情報学習振興協会
〒101-0061　東京都千代田区神田三崎町 3-7-12 清話会ビル 5F
TEL：03-5276-0030　FAX：03-5276-0551
https://www.joho-gakushu.or.jp/

出題項目

第１編　総則	
第２編　株式会社	1　設立
	2　株式
	3　新株予約権
	4　機関
	5　計算等
	6　定款の変更
	7　事業の譲渡等
	8　解散
	9　清算
第３編　持分会社	
第４編　社債	
第５編　組織変更、合併、会社分割、株式交換、株式移転及び株式交付	1　組織変更
	2　合併
	3　会社分割
	4　株式交換及び株式移転
	5　組織変更等の手続
第６編　外国会社	
第７編　雑則	

問題１．会社の定義に関する以下のアからオまでの記述のうち、最も適切ではないものを１つ選びなさい。

ア．公開会社とは、その発行する全部又は一部の株式の内容として譲渡による当該株式の取得について株式会社の承認を要する旨の定款の定めを設けていない株式会社をいう。

イ．大会社であるためには、最終事業年度に係る貸借対照表に資本金として計上した額が５億円以上ある、又は最終事業年度に係る貸借対照表の負債の部に計上した額の合計額が 200 億円以上であることが要件である。

ウ．持分会社とは、合名会社、合資会社又は合同会社をいう。

エ．組織変更とは、合名会社がその定款を変更することにより合資会社となることをいう。

オ．種類株式発行会社とは、剰余金の配当その他内容の異なる２以上の種類の株式を発行する株式会社をいう。

問題１． 会社の定義

ア　適　切。公開会社とは、その発行する全部又は一部の株式の内容として譲渡による当該株式の取得について株式会社の承認を要する旨の定款の定めを設けていない株式会社をいう（２条５号）。

イ　適　切。大会社であるためには、最終事業年度に係る貸借対照表に資本金として計上した額が５億円以上ある、又は最終事業年度に係る貸借対照表の負債の部に計上した額の合計額が200億円以上であることが要件である（２条６号）。

ウ　適　切。持分会社とは、合名会社、合資会社又は合同会社をいう（575条１項）。

エ　不適切。組織変更とは、株式会社がその組織を変更することにより持分会社となること、あるいは、持分会社がその組織を変更することにより株式会社となることをいう（２条26号）。合名会社がその定款を変更することにより合資会社となることは持分会社の種類の変更である（638条参照）。

オ　適　切。種類株式発行会社とは、剰余金の配当その他内容の異なる２以上の種類の株式を発行する株式会社をいう（２条13号）。

正解　エ

問題２．会社の法人格に関する以下のアからエまでの記述のうち、最も適切ではないものを１つ選びなさい。

ア．法人には、人の集合である社団法人と財産の集合である財団法人があり、会社は社団法人である。

イ．株主が１人の株式会社は存在しない。

ウ．会社の目的の範囲内の行為とは、定款に明示された目的自体に限られるものではない。

エ．法人格否認の法理とは、法人格が法律の適用を避けるために濫用されたり、法人格が全くの形骸に過ぎない場合に、個別の事案において、会社の法人格を否定するものである。

問題２．会社の法人格

ア　適　切。法人には、人の集合である社団法人と財産の集合である財団法人があり、会社は社団法人である。

イ　不適切。株主が１人の株式会社も存在する。

ウ　適　切。会社の目的の範囲内の行為とは、定款に明示された目的自体に限られるものではない（最大判昭 45．６．24）。

エ　適　切。法人格否認の法理とは、法人格が法律の適用を避けるために濫用されたり、法人格が全くの形骸に過ぎない場合に、個別の事案において、会社の法人格を否定するものである。

正解　イ

問題３．会社の商号に関する以下のアからオまでの記述のうち、最も適切ではないものを１つ選びなさい。

ア．株式会社は、その商号中に株式会社という文字を用いなければならない。

イ．会社の商号は定款に必ず記載しなければならないが、登記には必ず記載しなければならないわけではない。

ウ．会社でない者は、その商号中に、会社であると誤認されるおそれのある文字を用いてはならない。

エ．不正の目的をもって、他の会社であると誤認されるおそれのある商号の使用によって営業上の利益を侵害され、又は侵害されるおそれがある会社は、その営業上の利益を侵害する者又は侵害するおそれがある者に対し、その侵害の停止又は予防を請求することができる。

オ．個人商人は、複数の営業を営む場合は営業ごとに異なる商号を用いることができる。

問題３．　会社の商号

ア　適　切。株式会社は、その商号中に株式会社という文字を用いなければならない（６条２項）。

イ　不適切。会社の商号は定款に必ず記載しなければならず（27 条２号）、登記にも必ず記載しなければならない（911 条３項２号）。

ウ　適　切。会社でない者は、その商号中に、会社であると誤認されるおそれのある文字を用いてはならない（７条）。

エ　適　切。不正の目的をもって、他の会社であると誤認されるおそれのある商号の使用によって営業上の利益を侵害され、又は侵害されるおそれがある会社は、その営業上の利益を侵害する者又は侵害するおそれがある者に対し、その侵害の停止又は予防を請求することができる（８条２項）。

オ　適　切。会社とは違い、個人商人は、複数の営業を営む場合は営業ごとに異なる商号を用いることができる。

正解　イ

問題４．会社の使用人に関する以下のアからオまでの記述のうち、最も適切ではないものを１つ選びなさい。

ア．会社の使用人とは、会社の指揮・監督下でその事業活動に従事する者をいい、日常用語でいう従業員をいう。

イ．会社は、支配人を選任し、その本店又は支店において、その事業を行わせることができる。

ウ．支配人は、他の使用人を選任し、又は解任することができる。

エ．支配人は、会社に代わってその事業に関する一切の裁判外の行為をする権限を有するが、裁判上の行為をする権限は有しない。

オ．支配人は、会社の許可を受けないで自ら営業を行うことができない。

問題４．　会社の使用人

ア　適　切。会社の使用人とは、会社の指揮・監督下でその事業活動に従事する者をいい、日常用語でいう従業員をいう。

イ　適　切。会社は、支配人を選任し、その本店又は支店において、その事業を行わせることができる（10条）。

ウ　適　切。支配人は、他の使用人を選任し、又は解任することができる（11条２項）。

エ　不適切。支配人は、会社に代わってその事業に関する一切の裁判上又は裁判外の行為をする権限を有する（11条１項）。

オ　適　切。支配人は、会社の許可を受けないで自ら営業を行うことができない（12条１項１号）。

正解　エ

問題５．会社の代理商に関する以下のアからオまでの記述のうち、最も適切なものを１つ選びなさい。

ア．代理商とは、会社のためにその平常の事業の部類に属する取引の代理又は媒介をする者をいい、その会社の使用人であるか否かは問わない。

イ．代理商は、会社の許可を受けなければ、自己又は第三者のために会社の事業の部類に属する取引をしてはならないが、会社の事業と同種の事業を行う他の会社の業務を執行する社員となることは、職業選択の自由に基づく行為であるため、会社の許可を受ける必要はない。

ウ．物品の販売又はその媒介の委託を受けた代理商は、商人間の売買における買主による目的物の瑕疵に関する通知その他の売買に関する通知を受ける権限を有する。

エ．会社及び代理商は、契約の期間を定めなかったときは、３か月前までに予告し、その契約を解除することができる。

オ．原則として、代理商は取引の代理又は媒介をしたことによって生じた債権の弁済期が到来している場合であっても、会社のために当該代理商が占有する物又は有価証券を留置することはできない。

問題５． 会社の代理商

ア 不適切。代理商は、会社のためにその平常の事業の部類に属する取引の代理又は媒介をする者で、その会社の使用人でないものをいう（16条括弧書）。

イ 不適切。代理商は、会社の許可を受けなければ、自己又は第三者のために会社の事業の部類に属する取引をすること又は会社の事業と同種の事業を行う他の会社の取締役、執行役又は業務を執行する社員となる行為をしてはならない（17条１項１号・２号）。

ウ 適 切。物品の販売又はその媒介の委託を受けた代理商は、商人間の売買における買主による目的物の瑕疵に関する通知（商法526条２項）その他の売買に関する通知を受ける権限を有する（18条）。

エ 不適切。会社及び代理商は、契約の期間を定めなかったときは、２か月前までに予告し、その契約を解除することができる（19条１項）。やむを得ない事由があるときは、会社及び代理商は、いつでもその契約を解除することができる（同条２項）。

オ 不適切。代理商は、取引の代理又は媒介をしたことによって生じた債権の弁済期が到来しているときは、その弁済を受けるまでは、会社のために当該代理商が占有する物又は有価証券を留置することができる。ただし、当事者が別段の意思表示をしたときは、この限りでない（20条）。

正解 ウ

問題６．事業の譲渡と競業の禁止等に関する以下のアからエまでの記述のうち、最も適切ではないものを１つ選びなさい。

ア．事業を譲渡した会社（以下、「譲渡会社」という。）は、当事者の別段の意思表示がない限り、同一の市町村の区域内及びこれに隣接する市町村の区域内においては、その事業を譲渡した日から 20 年間は、同一の事業を行ってはならない。

イ．譲渡会社は、不正の競争の目的をもって同一の事業を行ってはならない。

ウ．事業を譲受した会社（以下、「譲受会社」という。）が譲渡会社の商号を引き続き使用しない場合には、譲渡会社の事業によって生じた債務を引き受ける旨の広告をしたときでも、譲渡会社の債権者は、その譲受会社に対して弁済の請求をすることができない。

エ．譲渡会社が同一の事業を行わない旨の特約をした場合には、その特約は、その事業を譲渡した日から 30 年の期間内に限り、その効力を有する。

問題６．　事業の譲渡と競業の禁止等

ア　適　切。譲渡会社は、当事者の別段の意思表示がない限り、同一の市町村の区域内及びこれに隣接する市町村の区域内においては、その事業を譲渡した日から 20 年間は、同一の事業を行ってはならない（21 条 1 項）。

イ　適　切。譲渡会社は、不正の競争の目的をもって同一の事業を行ってはならない（21 条 3 項）。

ウ　不適切。譲受会社が譲渡会社の商号を引き続き使用しない場合においても、譲渡会社の事業によって生じた債務を引き受ける旨の広告をしたときは、譲渡会社の債権者は、その譲受会社に対して弁済の請求をすることができる（23 条 1 項）。

エ　適　切。譲渡会社が同一の事業を行わない旨の特約をした場合には、その特約は、その事業を譲渡した日から 30 年の期間内に限り、その効力を有する（21 条 2 項）。

正解　ウ

問題７．支配人に関する次のａからｅまでの記述のうち、適切ではないものの組合せを以下のアからオまでのうち１つ選びなさい。

ａ．支配人は、他の使用人を選任し、又は解任することができる。

ｂ．支配人の代理権に加えた制限は、善意の第三者に対抗することができない。

ｃ．支配人は、会社に代わってその事業に関する一切の裁判上又は裁判外の行為をする権限を有する。

ｄ．支配人は、会社の許可を受けても、他の会社の取締役、執行役又は業務を執行する社員となることはできない。

ｅ．支配人は、会社の許可を受けても、自己又は第三者のために会社の事業の部類に属する取引をすることはできない。

ア．ａとｂ　イ．ａとｅ　ウ．ｂとｃ　エ．ｃとｄ　オ．ｄとｅ

問題７．　支配人

ａ　適　切。支配人は、他の使用人を選任し、又は解任することができる（11条２項）。

ｂ　適　切。支配人の代理権に加えた制限は、善意の第三者に対抗することができない（11条３項）。

ｃ　適　切。支配人は、会社に代わってその事業に関する一切の裁判上又は裁判外の行為をする権限を有する（11条１項）。

ｄ　不適切。支配人は、会社の許可を受ければ、他の会社の取締役、執行役又は業務を執行する社員となることができる（12条１項４号）。

ｅ　不適切。支配人は、会社の許可を受ければ、自己又は第三者のために会社の事業の部類に属する取引をすることができる（12条１項２号）。

従って、不適切な記述はｄとｅで、正解は肢オとなる。

正解　オ

問題８． 定款に関する以下のアからオまでの記述のうち、定款の絶対的記載事項に該当しないものを１つ選びなさい。

ア．目的

イ．商号

ウ．本店の所在地

エ．資本金の額

オ．発起人の氏名又は名称及び住所

問題８． 定款の絶対的記載事項

ア　該　当。目的は定款の絶対的記載事項である（27 条 1 号）。

イ　該　当。商号は定款の絶対的記載事項である（27 条 2 号）。

ウ　該　当。本店の所在地は定款の絶対的記載事項である（27 条 3 号）。

エ　不該当。資本金の額は定款の絶対的記載事項ではなく、発起人の決定事項である（32 条 1 項 3 号）。

オ　該　当。発起人の氏名又は名称及び住所は定款の絶対的記載事項である（27 条 5 号）。

正解　エ

問題９．定款の相対的記載事項（28 条）に<u>該当しない</u>ものを以下のアからオまでのうち１つ選びなさい。

ア．設立に際して出資される財産の価額又はその最低額

イ．金銭以外の財産を出資する者の氏名又は名称、当該財産及びその価額

ウ．株式会社の成立により発起人が受ける報酬その他の特別の利益

エ．株式会社の成立後に譲り受けることを約した財産及びその価額

オ．株式会社の負担する設立に関する費用

問題９．　定款の相対的記載事項

ア　不該当。「設立に際して出資される財産の価額又はその最低額」は、定款の絶対的記載事項である（27 条４号）。

イ　該　当。「金銭以外の財産を出資する者の氏名又は名称、当該財産及びその価額」は、定款の相対的記載事項である（28 条１号）。

ウ　該　当。「株式会社の成立により発起人が受ける報酬その他の特別の利益」は、定款の相対的記載事項である（28 条３号）。

エ　該　当。「株式会社の成立後に譲り受けることを約した財産及びその価額」は、定款の相対的記載事項である（28 条２号）。

オ　該　当。「株式会社の負担する設立に関する費用」は、定款の相対的記載事項である（28 条４号）。

正解　ア

問題 10. 定款の作成に関する以下のアからエまでの記述のうち、最も適切なものを１つ選びなさい。

ア. 定款は、代表取締役となる者が作成し、これに署名又は記名押印しなければならない。

イ. 定款は、署名又は記名押印をしなければならないので、電磁的記録をもって作成することができない。

ウ. 株式会社の負担する設立に関する費用は、定款に必ず記載又は記録しなければならない絶対的記載事項ではない。

エ. 公証人の認証を受けた定款は、会社の成立前であれば、自由に変更することができる。

問題 10. 定款の作成

ア 不適切。定款は、発起人が作成し、その全員がこれに署名又は記名押印しなければならない（26 条 1 項）。

イ 不適切。定款は、電磁的記録をもって作成することができる（26 条 2 項）。

ウ 適 切。株式会社の負担する設立に関する費用（定款の認証の手数料その他株式会社に損害を与えるおそれがないものとして法務省令で定めるものを除く。）は、定款に必ず記載又は記録しなければならない事項ではなく、定款に記載又は記録しなければその効力を生じないという相対的記載事項である（28 条 4 号）。

エ 不適切。公証人の認証を受けた定款は、会社の成立前は、原則として、自由に変更することができない（30 条 2 項）。

正解 ウ

問題 11. 株式会社の設立における出資の履行に関する以下のアからエまでの記述のうち、最も適切ではないものを１つ選びなさい。

ア. 発起人は、設立時発行株式の引受け後遅滞なく、その引き受けた設立時発行株式につき、その出資に係る金銭の全額を払い込み、又はその出資に係る金銭以外の財産の全部を給付しなければならない。

イ. 出資による払込みは、発起人が定めた銀行等の払込みの取扱いの場所においてしなければならない。

ウ. 払込期日までに出資の履行をしていない発起人は、その日に当該株主となる権利を失う。

エ. 出資の履行をすることにより設立時発行株式の株主となる権利の譲渡は、成立後の株式会社に対抗することができない。

問題 11.　設立における出資の履行

ア 適　切。発起人は、設立時発行株式の引受け後遅滞なく、その引き受けた設立時発行株式につき、その出資に係る金銭の全額を払い込み、又はその出資に係る金銭以外の財産の全部を給付しなければならない（34 条 1 項）。

イ 適　切。出資による払込みは、発起人が定めた銀行等の払込みの取扱いの場所においてしなければならない（34 条 2 項）。

ウ 不適切。発起人のうち出資の履行をしていないものがある場合には、発起人は、当該出資の履行をしていない発起人に対して、期日を定め、その期日までに当該出資の履行をしなければならない旨を通知しなければならない（36 条 1 項）。したがって、当然に株主となる権利を失うわけではない。

エ 適　切。出資の履行をすることにより設立時発行株式の株主となる権利の譲渡は、成立後の株式会社に対抗することができない（35 条）。

正解　ウ

問題 12. 発起設立における発起人の出資の履行に関する次のａからｅまでの記述のうち、適切ではないものの組合せを以下のアからオまでのうち１つ選びなさい。

ａ．発起人は、引き受ける設立時発行株式につき、その出資に係る金銭の全額を払い込み、又は金銭以外の財産の全部を給付しなければ、当該設立時発行株式を引き受けることができない。

ｂ．出資の履行を怠る発起人が、特定の期日までに出資の履行をすべき旨の通知を受けたにもかかわらず、なお当該期日までに出資の履行をしないときは、当該発起人は、当然に設立時発行株式の株主となる権利を失う。

ｃ．会社の成立時を基準とする現物出資の目的の価額が定款に定めた価額に著しく不足するときでも、当該目的財産の譲渡人である発起人は、当該現物出資財産について検査役の調査を経た場合で、かつ当該不足について無過失であることを証明したときは、当該不足額の支払い義務を負わない。

ｄ．株式会社が発起人となって、その事業の重要な一部を現物出資する場合は、当該株式会社において、株主総会の特別決議を経る必要がある。

ｅ．発起人が株式会社のため、その会社の成立を条件として譲り受ける旨の契約をした特定の財産の価額の総額が 500 万円を超えない場合は、発起人は、裁判所に対して検査役の選任を申し立てる必要はない。

ア．ａとｃ　　イ．ｂとｄ　　ウ．ｂとｅ　　エ．ｃとｄ
オ．ｃとｅ

問題 12. **発起設立における発起人の出資の履行**

a　不適切。発起人は、設立時発行株式の引受け後遅滞なく、その出資に係る金銭の全額を払い込み、又は金銭以外の財産の全部の給付たる出資の履行をしなければならない（34 条 1 項）。よって、設立時発行株式の引受けに先立って出資の履行をする必要はない。

b　適　切。発起人のうち出資の履行を怠るものがある場合は、他の発起人は、2 週間以上先の期日を定め、出資の履行をすべき旨を出資を怠る発起人に通知しなければならない（36 条 1 項・2 項）。そして、当該期日までに出資の履行がされないときは、法律上当然に、出資の履行により設立時発行株式の株主となる権利を失う（同条 3 項）。

c　不適切。株式会社の成立のときにおける現物出資財産等の価額が定款に記載又は記録された価額に著しく不足するときは、発起人及び設立時取締役は、当該株式会社に対して連帯して当該不足額を支払う義務を負うのが原則であり（52 条 1 項）、現物出資財産の譲渡人である発起人については、①検査役の調査を経た場合、又は②職務を行うについて注意を怠らなかったことを証明したときでもその責任を免れることができない（同条 2 項括弧書）。

d　適　切。事業の重要な一部の現物出資は、事業の重要な一部の譲渡にあたる（467 条 1 項 2 号）から、現物出資を行う株式会社において、株主総会の特別決議を経ることが必要である（309 条 2 項 11 号）。

e　適　切。発起人が、財産引受（株式会社の成立後に譲り受けることを約した財産）による出資の履行をする場合には、会社財産の基盤が乏しくなって債権者を害するおそれがある等現物出資財産と同様の弊害が生じる可能性があることから、原則としてその価額の相当性等について検査役の調査を経る必要がある（28 条 2 号、33 条 1 項）。もっとも、その価額の総額が 500 万円を超えない場合は、例外的に検査役の調査を不要とされている（33 条 10 項 1 号）。

従って、a と c が不適切であるため、正解は肢アとなる。

正解　ア

問題 13. 株式会社の設立に関する以下のアからオまでの記述のうち、最も適切ではないものを１つ選びなさい。

ア．設立しようとする株式会社が公開会社ではない場合、設立時発行株式の総数は、発行可能株式総数の４分の１を下ることができない。

イ．発起人は、出資の履行が完了した後、遅滞なく、設立時取締役を選任しなければならない。

ウ．設立しようとする株式会社が取締役会設置会社である場合には、設立時取締役は、３人以上でなければならない。

エ．設立時取締役の選任は、発起人の議決権の過半数をもって決定する。

オ．発起人は、株式会社の成立の時までの間、その選任した設立時取締役を解任することができる。

問題 13.　株式会社の設立

ア　不適切。設立しようとする株式会社が公開会社でない場合、設立時発行株式の総数は、発行可能株式総数の４分の１を下ることができる（37 条３項ただし書）。

イ　適　切。発起人は、出資の履行が完了した後、遅滞なく、設立時取締役を選任しなければならない（38 条１項）。

ウ　適　切。設立しようとする株式会社が取締役会設置会社である場合には、設立時取締役は、３人以上でなければならない（39 条１項）。

エ　適　切。設立時取締役の選任は、発起人の議決権の過半数をもって決定する（40 条１項）。

オ　適　切。発起人は、株式会社の成立の時までの間、その選任した設立時取締役を解任することができる（42 条）。

正解　ア

問題 14. 株式会社の設立に関する次のａからｅまでの記述のうち、適切ではないものの組合せを以下のアからオまでのうち１つ選びなさい。

ａ. 発起人は、出資の履行が完了した後、必ず、設立時取締役、設立時監査役を選任しなければならない。

ｂ. 設立時取締役の選任は、発起人の議決権の過半数をもって決定する。

ｃ. 設立しようとする株式会社が取締役会設置会社でない会社である場合でも、設立時取締役は、３人以上でなければならない。

ｄ. 設立時取締役を選任する場合、発起人は、出資の履行をした設立時発行株式１株につき１個の議決権を有する。

ｅ. 発起人は、株式会社の成立の時までの間、その選任した設立時取締役を解任することができる。

ア. ａとｃ　イ. ａとｅ　ウ. ｂとｃ　エ. ｂとｄ　オ. ｃとｅ

問題 14.　**株式会社の設立**

a．不適切。発起人は、出資の履行が完了した後、必ず、設立時取締役を選任しなければならないが（38 条 1 項）、必ず設立時監査役を選任しなければならないわけではない。

b．適　切。設立時役員等の選任は、発起人の議決権の過半数をもって決定する（40 条 1 項）。したがって、設立時取締役の選任は、発起人の議決権の過半数をもって決定する。

c．不適切。設立しようとする株式会社が取締役会設置会社である場合には、設立時取締役は、3 人以上でなければならないが（39 条 1 項）、取締役会設置会社でない会社である場合は、設立時取締役は、3 人以上でなくてもよい。

d．適　切。設立時取締役を含む設立時役員等を選任する場合、発起人は、出資の履行をした設立時発行株式 1 株につき 1 個の議決権を有する（40 条 2 項）。

e．適　切。発起人は、株式会社の成立の時までの間、その選任した設立時取締役を含む設立時役員等を解任することができる（42 条）。

従って、a と c が不適切であるため、正解は肢アとなる。

正解　ア

問題 15. 設立時取締役に関する以下のアからエまでの記述のうち、最も適切ではないものを１つ選びなさい。

ア. 発起人は、出資の履行が完了した後、遅滞なく、設立時取締役を選任しなければならない。

イ. 設立時役員等の選任は、発起人の議決権の過半数をもって決定する。

ウ. 発起人は、株式会社の成立の時までの間は、その選任した設立時取締役を解任することができない。

エ. 設立時取締役は、現物出資財産等の調査により、法令若しくは定款に違反し、又は不当な事項があると認めるときは、発起人にその旨を通知しなければならない。

問題 15. 設立時取締役

ア 適 切。発起人は、出資の履行が完了した後、遅滞なく、設立時取締役（株式会社の設立に際して取締役となる者）を選任しなければならない（38 条１項）。

イ 適 切。設立時役員等の選任は、発起人の議決権の過半数をもって決定する（40 条１項）。

ウ 不適切。発起人は、株式会社の成立の時までの間、その選任した設立時取締役を解任することができる（42 条）。

エ 適 切。設立時取締役（設立しようとする株式会社が監査役設置会社である場合にあっては、設立時取締役及び設立時監査役）は、現物出資財産等の調査（46 条１項各号）により、法令若しくは定款に違反し、又は不当な事項があると認めるときは、発起人にその旨を通知しなければならない（46 条２項）。

正解 ウ

問題 16. 株式会社の設立における発起人に関する以下のアからエまでの記述のうち、最も適切ではないものを１つ選びなさい。

ア. 発起人は、設立時発行株式を１株以上引き受けなければならないが、その発起人が複数である場合は、そのうち少なくとも１名が設立時発行株式を１株以上引き受ければ足りる。

イ. 株式会社の成立の時における現物出資財産等の価額が当該現物出資財産等について定款に記載された価額に著しく不足する場合は、発起人は、原則として、当該株式会社に対し、連帯して、当該不足額を支払う義務を負う。

ウ. 株式会社が成立しなかった場合は、発起人は、連帯して、株式会社の設立に関してした行為についてその責任を負い、株式会社の設立に関して支出した費用を負担する。

エ. 発起人は、設立時発行株式を引き受ける者の募集をする旨を定めようとするときは、その全員の同意を得なければならない。

問題 16. 発起人

ア　不適切。発起人は、株式会社の設立に際し、設立時発行株式を1株以上引き受けなければならない（25 条2項）。その発起人が複数である場合は、各々1株以上引き受けなければならない。

イ　適　切。株式会社の成立の時における現物出資財産等の価額が当該現物出資財産等について定款に記載され、又は記録された価額に著しく不足するときは、発起人及び設立時取締役は、原則として、当該株式会社に対し、連帯して、当該不足額を支払う義務を負う（52 条1項）。

ウ　適　切。株式会社が成立しなかったときは、発起人は、連帯して、株式会社の設立に関してした行為についてその責任を負い、株式会社の設立に関して支出した費用を負担する（56 条）。

エ　適　切。発起人は、設立時発行株式を引き受ける者の募集をする旨を定めようとするときは、その全員の同意を得なければならない（57 条2項）。

正解　ア

問題 17. 募集設立に関する以下のアからエまでの記述のうち、最も適切ではないものを１つ選びなさい。

ア. 募集設立をしようとするときは、発起人の全員の同意を得なければならない。

イ. 募集設立の場合、定款は、公証人の認証を得る必要はない。

ウ. 募集設立の場合、発起人は、創立総会を招集しなければならない。

エ. 創立総会は、設立時株主の全員の同意があるときは、招集の手続を経ることなく開催することができる。

問題 17. 募集設立

ア 適 切。募集設立をしようとするときは、発起人の全員の同意を得なければならない（57 条 2 項）。

イ 不適切。募集設立の場合でも、定款は、公証人の認証を得る必要がある（30 条 1 項）。

ウ 適 切。募集設立の場合、発起人は、創立総会を招集しなければならない（65 条 1 項）。

エ 適 切。創立総会は、設立時株主の全員の同意があるときは、招集の手続を経ることなく開催することができる（69 条）。

正解 イ

問題 18. 創立総会に関する以下のアからオまでの記述のうち、最も適切なものを１つ選びなさい。

ア. 公証人の認証を受けた定款は、創立総会の決議によって変更することはできない。

イ. 創立総会において、設立時株主は代理人によって、その議決権を行使することはできない。

ウ. 創立総会の決議は、当該創立総会において議決権を行使することができる設立時株主の議決権の過半数を有する設立時株主が出席し、出席した当該設立時株主の議決権の過半数をもって行う。

エ. 創立総会では、設立時株主は、その有する議決権を統一しないで行使することはできない。

オ. 募集設立においては、設立時取締役、設立時会計参与、設立時監査役又は設立時会計監査人の選任は、創立総会の決議によって行わなければならない。

問題 18.　創立総会

ア　不適切。公証人の認証を受けた定款は、株式会社の成立前には、原則として変更することができないが（30 条 2 項）、創立総会においては、その決議によって、公証人の認証を受けた定款を変更することができる（96 条）。

イ　不適切。設立時株主は、代理人によってその議決権を行使することができる（74 条 1 項前段）。

ウ　不適切。創立総会の決議は、当該創立総会において議決権を行使することができる設立時株主の議決権の過半数であって、出席した当該設立時株主の議決権の 3 分の 2 以上に当たる多数をもって行う（73 条 1 項）。

エ　不適切。創立総会では、設立時株主は、その有する議決権を統一しないで行使することができる（77 条 1 項前段）。なお、この場合においては、創立総会の日の 3 日前までに、発起人に対してその旨及びその理由を通知しなければならない（同条項後段）。

オ　適　切。募集設立の場合には、設立時取締役、設立時会計参与、設立時監査役又は設立時会計監査人の選任は、創立総会の決議によって行わなければならない（88 条 1 項）。

正解　オ

問題 19. 株式の共有に関する以下のアからエまでの記述のうち、最も適切ではないものを１つ選びなさい。

ア. 株式を共有している場合、共有者は、当該株式についての権利を行使する者一人を定め、株式会社に対し、その者の氏名又は名称を通知しなければ、当該株式についての権利を行使することができない。

イ. 株式の共有者としての地位に基づいて株主総会の決議不存在確認の訴えを提起する場合、株式の共有者間における権利行使者としての指定を受けてその旨を会社に通知していないときは、特段の事情がない限り、原告適格を有しない。

ウ. 株式の共有者間において権利行使者を指定し会社に通知した場合でも、共有者間で株主総会における個々の決議事項について逐一合意を要するとの取り決めがあり、かつ共有者間に意見の相違があったときは、当該権利行使者は自己の判断のみに基づいて議決権を行使することはできない。

エ. 共有に属する株式についての議決権の行使は、当該議決権の行使をもって直ちに株式を処分し、又は株式の内容を変更することになるなど特段の事情のない限り、株式の管理に関する行為として、各共有者の持分の価格に従い、その過半数で決せられる。

問題 19.　**株式の共有**

ア　適　切。株式を共有している場合、共有者は、当該株式についての権利を行使する者一人を定め、株式会社に対し、その者の氏名又は名称を通知しなければ、当該株式についての権利を行使することができない（106条）。

イ　適　切。株式が２以上の者の共有に属するときは、共有者は、当該株式についての権利を行使する者１人を定め、株式会社に対し、その者の氏名又は名称を通知しなければ、当該株式についての権利を行使することができない（106条）。判例は、株式を相続により準共有するに至った共同相続人は、権利行使者としての指定を受けてその旨を会社に通知していないときは、特段の事情がない限り、原告適格を有しないものと解するのが相当であるとしている（最判平２．12．４）。

ウ　不適切。判例は、「持分が数名の共有に属する場合に、その共有者が社員の権利を行使すべき者１人を選定し、それを会社に届け出たときは、社員総会における共有者の議決権の正当な行使者は、右被選定者となるのであって、共有者間で総会における個々の決議事項について逐一合意を要するとの取決めがされ、ある事項について共有者の間に意見の相違があっても、被選定者は、自己の判断に基づき議決権を行使しうる」としている（最判昭53．４．14）。

エ　適　切。判例は、「共有に属する株式についての議決権の行使は、当該議決権の行使をもって直ちに株式を処分し、又は株式の内容を変更することになるなど特段の事情のない限り、株式の管理に関する行為として、民法252条本文により、各共有者の持分の価格に従い、その過半数で決せられるものと解するのが相当である」としている（最判平27．２．19）。

正解　ウ

問題 20. 株式の内容についての特別の定めに関する以下のアからオまでの記述のうち、最も<u>適切ではない</u>ものを１つ選びなさい。

ア. 株式会社は、その発行する全部の株式の内容として、譲渡制限株式に関する事項を定めることができる。

イ. 株式会社は、その発行する全部の株式の内容として、取得請求権付株式に関する事項を定めることができる。

ウ. 株式会社は、定款で、取得請求権付株式に関する事項を定める場合は、株主総会の特別決議を要する。

エ. 株式会社は、その発行する全部の株式の内容として、取得条項付株式に関する事項を定めることができる。

オ. 株式会社は、定款で、取得条項付株式に関する事項を定める場合は、株主総会の特別決議を要する。

問題 20. 株式の内容

ア 適 切。株式会社は、その発行する全部の株式の内容として、譲渡制限株式に関する事項を定めることができる（107 条 1 項 1 号）。

イ 適 切。株式会社は、その発行する全部の株式の内容として、取得請求権付株式に関する事項を定めることができる（107 条 1 項 2 号）。

ウ 適 切。株式会社は、定款で、取得請求権付株式に関する事項を定める場合は、株主総会の特別決議を要する（466 条、309 条 2 項 11 号）。

エ 適 切。株式会社は、その発行する全部の株式の内容として、取得条項付株式に関する事項を定めることができる（107 条 1 項 3 号）。

オ 不適切。株式会社は、定款で、取得条項付株式に関する事項を定める場合は、株主全員の同意を要する（110 条）。

正解 オ

問題 21. 株主平等の原則に関する以下のアからエまでの記述のうち、最も適切ではないものを１つ選びなさい。

ア. 株式会社が、発行する種類株式の内容に応じて、種類株主間で異なる取り扱いをすることは、株主平等の原則に違反しない。

イ. 特定の株主による経営支配権の取得に伴い、株式会社の企業価値がき損され、株主の共同の利益が害されることになるような場合に、その防止のために特定の株主を差別的に取扱うことは、衡平の理念に反して相当性を欠くものでない限り、株主平等の原則の趣旨に反しない。

ウ. 株式会社が、特定の株主に対して無配による投資上の損失を補填するために、金銭を贈与することは、株主平等の原則に違反する。

エ. 公開会社でない株式会社が、株主総会の議決権について株主ごとに異なる取扱いをすることは、株主平等の原則に違反する。

問題 21. 株主平等の原則

ア 適 切。株式会社は、株主を、その有する株式の内容及び数に応じて、平等に取り扱えばよいので（109 条 1 項）、種類株式の内容に応じて、異なる取り扱いをすることは、株主平等の原則に違反しない。

イ 適 切。判例によれば、特定の株主による経営支配権の取得に伴い、株式会社の企業価値がき損され、株主の共同の利益が害されることになるような場合に、その防止のために特定の株主を差別的に取扱うことは、衡平の理念に反して相当性を欠くものでない限り、株主平等の原則の趣旨に反しないとしている（最決平 19. 8. 7）。

ウ 適 切。株式会社が、特定の株主に対して無配による投資上の損失を補填するために、金銭を贈与することは、株主平等の原則に違反する（最判昭 45. 11. 24）。

エ 不適切。公開会社でない株式会社は、株主総会の議決権について株主ごとに異なる取扱いを行う旨を定款で定めることができるので（109 条 2 項）、株主総会の議決権について株主ごとに異なる取扱いをすることは、株主平等の原則に違反しない。

正解 エ

問題 22. 会社法 116 条に規定されている反対株主の株式買取請求に関する以下のアからオまでの記述のうち、最も<u>適切ではない</u>ものを１つ選びなさい。

ア. 株式会社が、株式の譲渡制限の定めを設ける定款変更等 116 条１項所定の行為をしようとするときは、当該行為の効力が生ずる日の 20 日前までに、当該行為をする旨を株主に通知し、又は公告しなければならない。

イ. 株式買取請求権は、株主に認められた権利であるから、株式買取請求をした株主は、いつでも、株式買取請求を撤回することができる。

ウ. 株式買取請求があった後に株式会社が、116 条１項所定の行為（株式の譲渡制限の定めを設ける定款変更等）を中止したときは、株式買取請求はその効力を失う。

エ. 株式買取請求があった場合、買取価格は、原則として、株主と株式会社との間の協議で決めるが、協議が調わないときは、株主又は株式会社は、一定期間内に、裁判所に対して、価格決定の申立てをすることができる。

オ. 株式会社は、買取価格の決定があるまでは、株主に対し、当該株式会社が公正な価格と認める額を支払うことができる。

問題 22.　株式買取請求

ア　適　切。株式会社が 116 条 1 項所定の行為をしようとするときは、株主に株式買取請求権を行使する機会を与えるため、当該行為の効力が生ずる日の 20 日前までに、当該行為をする旨を株主に通知し、又は公告しなければならない（116 条 3 項・4 項）。

イ　不適切。株式買取請求は、原則として、株式会社の承諾を得た場合に限り、撤回することができる（116 条 7 項）。買取請求後に株価が上昇したら撤回するといった投機的行動を防止するためである。

ウ　適　切。株式会社が 116 条 1 項所定の行為を中止したときは、株式買取請求は効力を失う（116 条 8 項）。

エ　適　切。株式買取請求があった場合、買取価格は、原則として、株主と株式会社との間の協議で決めるが（117 条 1 項）、協議が調わないときは、株主又は株式会社は、一定期間内に、裁判所に対して、価格決定の申立てをすることができる（同条 2 項）。

オ　適　切。会社法 117 条 5 項に規定されているとおりである。株式会社は、株式買取請求の原因となった行為の効力発生日から 60 日経過後は、法定利率による利息の支払義務を負うが（117 条 4 項）、株主が当該利息の獲得を目的として買取請求をすることを防止するためである。

正解　イ

問題 23. 株主等の権利の行使に関する利益の供与に関する以下のアからエまでの記述のうち、最も適切なものを１つ選びなさい。

ア. 株式会社が、株主の権利の行使に関し、財産上の利益の供与をしてはならない相手方は当該株主に限られる。

イ. 株式会社は、株主の権利の行使をしないことに関しては、財産上の利益を供与することができる。

ウ. 株主総会で議案の提案をした株主が、他の株主に対して、議案に賛成するように依頼する見返りに自己の財産を供与することも株主等の権利の行使に関する利益の供与にあたる。

エ. 過失なくして利益の供与を受けた者であっても、当該利益を当該株式会社又はその子会社に返還しなければならない。

問題 23. 利益の供与

ア 不適切。株式会社は、何人に対しても、株主の権利の行使に関し、財産上の利益の供与をしてはならない（120 条 1 項）。したがって、相手方は株主に限らない。

イ 不適切。株式会社は、株主の権利の行使をしないことに関しても、財産上の利益を供与することができない。

ウ 不適切。株主総会で議案の提案をした株主が、他の株主に対して、議案に賛成するように依頼する見返りに自己の財産を供与することは、会社又は子会社の計算でなされていないので、株主等の権利の行使に関する利益の供与にあたらない。

エ 適　切。利益の供与を受けた者は、当該利益を当該株式会社又はその子会社に返還しなければならない（120 条 3 項）。これは、無過失責任である。

正解　エ

問題 24. 株主名簿に関する以下のアからオまでの記述のうち、最も適切ではないものを１つ選びなさい。

ア. 株式会社が株券発行会社である場合には、株式（株券が発行されているものに限る。）に係る株券の番号を株主名簿に記載しなければならない。

イ. 株式会社は、自社とは別の会社に株主名簿を管理させることができない。

ウ. 株主は、株式会社に対し、当該株主についての株主名簿に記載された株主名簿記載事項を記載した書面の交付を請求することができる。

エ. 株式の譲渡は、その株式を取得した者の氏名又は名称及び住所を株主名簿に記載しなければ、株式会社その他の第三者に対抗することができない。

オ. 株式会社が株主に対してする通知又は催告は、株主名簿に記載した当該株主の住所にあてて発すれば足りる。

問題 24. 株主名簿

ア 適 切。株式会社が株券発行会社である場合には、株式（株券が発行されているものに限る。）に係る株券の番号を株主名簿に記載しなければならない（121 条 4 号）。

イ 不適切。株式会社は、自社とは別の会社に株主名簿管理人として株主名簿を管理させることができる（123 条）。

ウ 適 切。株主は、株式会社に対し、当該株主についての株主名簿に記載された株主名簿記載事項を記載した書面の交付を請求することができる（122 条 1 項）。

エ 適 切。株式の譲渡は、その株式を取得した者の氏名又は名称及び住所を株主名簿に記載しなければ、株式会社その他の第三者に対抗することができない（130 条 1 項）。

オ 適 切。株式会社が株主に対してする通知又は催告は、株主名簿に記載した当該株主の住所にあてて発すれば足りる（126 条 1 項）。

正解 イ

問題 25. 株式の流通に関する以下のアからエまでの記述のうち、法令及び判例の趣旨に照らし、最も<u>適切な</u>ものを１つ選びなさい。

ア. 株式の譲渡につき、定款に取締役会の承認を要する旨の定めがある場合、取締役会の承認を得ずになされた株式の譲渡は、会社に対する関係では効力を生じないが、譲渡当事者間においては有効であると解される。

イ. 株式の譲渡につき、定款に取締役会の承認を要する旨の定めがある場合、いわゆる一人会社の株主がその保有する株式を定款所定の取締役会の承認を得ずに他に譲渡したときは、その譲渡は会社に対する関係において無効である。

ウ. 譲渡制限株式を譲渡する際には、当該株式の取得についてその株式を発行する会社の承認が必要となるため、相続により譲渡制限株式を取得した者は、株式発行会社に対し、その取得の承認を請求しなければならない。

エ. 株主が譲渡承認請求をした日から２週間が経過したにもかかわらず、株式会社が承認するか否かの決定の内容について、通知をしないときは、当該会社と当該株主の間に別段の定めがある場合を除き、承認しない旨の決定をしたものとみなされる。

問題 25. 株式の流通

ア 適 切。判例は、旧商法204条1項但書が、株式の譲渡につき、定款をもって取締役会の承認を要する旨定めることを妨げないと規定し、株式の譲渡性の制限を許しているが、その立法趣旨は、もっぱら会社にとって好ましくない者が株主となることを防止することにあると解される。そして、右のような譲渡制限の趣旨と、一方株式の譲渡が本来自由であるべきこととに鑑みると、定款に前述のような定めがある場合に取締役会の承認をえずになされた株式の譲渡は、会社に対する関係では効力を生じないが、譲渡当事者間においては有効であると解するのが相当であるとしている（最判昭48. 6 . 15)。

イ 不適切。判例は、旧商法204条1項但書が、株式の譲渡につき、定款をもって取締役会の承認を要する旨を定めることを妨げないと規定している趣旨は、専ら会社にとって好ましくない者が株主となることを防止し、もって譲渡人以外の株主の利益を保護することにあると解される……から、本件のようないわゆる一人会社の株主がその保有する株式を他に譲渡した場合には、定款所定の取締役会の承認がなくとも、その譲渡は、会社に対する関係においても有効と解するのが相当であるとしている（最判平5. 3 . 30)。

ウ 不適切。譲渡制限株式（2条17号）をその株主が譲渡する場合は、株式に譲渡制限が付されていることから、当該株式の取得についてその株式を発行する会社の承認が必要となるが、相続のような一般承継による当該譲渡制限株式の移転は含まれない（134条4号参照)。よって、当該譲渡制限株式の取得の承認を請求する必要はない。

エ 不適切。株主が譲渡承認請求（136条）をした日から2週間が経過したにもかかわらず、株式会社が承認するか否かの決定の内容について、通知（139条2項）をしないときは、当該会社と当該株主の間に別段の定めがある場合を除き、承認をする旨の決定をしたものとみなされる（145条1号)。

正解 ア

問題 26. 株式の質入れに関する以下のアからエまでの記述のうち、最も適切ではないものを１つ選びなさい。

ア. 株券発行会社の株式の質入れは、当該株式に係る株券を交付しなくても、質権設定契約によりその効力が生じる。

イ. 株券発行会社の株式の質権者は、継続して当該株式に係る株券を占有しなければ、その質権をもって株券発行会社その他の第三者に対抗することができない。

ウ. 非株券発行会社の株式の質入れは、その質権者の氏名又は名称及び住所を株主名簿に記載し、又は記録しなければ、株式会社その他の第三者に対抗することができない。

エ. 株式を目的とする質権は、剰余金の配当によって当該株式の株主が受けることのできる金銭等にも効力が及ぶ。

問題 26. 株式の質入れ

ア 不適切。株券発行会社の株式の質入れは、当該株式に係る株券を交付しなければ、その効力を生じない（146 条２項）。

イ 適 切。株券発行会社の株式の質権者は、継続して当該株式に係る株券を占有しなければ、その質権をもって株券発行会社その他の第三者に対抗することができない（147 条２項）。

ウ 適 切。非株券発行会社の株式の質入れは、その質権者の氏名又は名称及び住所を株主名簿に記載し、又は記録しなければ、株式会社その他の第三者に対抗することができない（147 条１項）。

エ 適 切。株式を目的とする質権は、剰余金の配当によって当該株式の株主が受けることのできる金銭等にも効力が及ぶ（151 条１項８号）。

正解 ア

問題 27. 特別支配株主の株式等売渡請求に関する以下のアからエまでの記述のうち、最も適切ではないものを１つ選びなさい。

ア. 特別支配株主は、当該株式会社及び当該特別支配株主を除いた当該株式会社の株主の全員に対し、その有する当該株式会社の株式の全部を当該特別支配株主に売り渡すことを請求することができる。

イ. 対象会社は、株式等売渡請求を承認したときは、売渡株式等の取得日の 20 日前までに、売渡株主等に対し、承認をした旨、特別支配株主の氏名、住所及びその他法定の事項を、通知しなければならない。

ウ. 特別支配株主が株式等売渡請求をしようとした場合、対象会社が承認をしたときは、承認をした日に特別支配会社から売渡株主に対して株式売渡請求がなされたものとみなされる。

エ. 特別支配株主の株式等売渡請求に対し、対象会社が承認したときは、特別支配株主は、取得日の前日までに対象会社の承諾を得た場合に限り、売渡株式等の全部について、株式等売渡請求を撤回することができる。

問題 27. **特別支配株主の株式等売渡請求**

ア 適 切。会社法 179 条 1 項は、「株式会社の特別支配株主は、当該株式会社の株主（当該株式会社及び当該特別支配株主を除く。）の全員に対し、その有する当該株式会社の株式の全部を当該特別支配株主に売り渡すことを請求することができる。」と規定している。そして、一定の手続を経ることで、当該特別支配株主は、請求対象となった株式の全部を強制的に取得する（179 条 1 項）。

イ 適 切。対象会社は、株式売渡請求を承認したときは、売渡株式等の取得日の 20 日前までに、売渡株主等に対し、承認をした旨、特別支配株主の氏名、住所及びその他法定の事項を、通知または公告しなければならない（179 条の 4 第 1 項・2 項）。当該通知・公告の費用は、特別支配株主が負担する（同条 4 項）。

ウ 不適切。特別支配株主が株式等売渡請求をしようとした場合、対象会社が承認をした日ではなく、対象会社が、承認をした旨及び特別支配株主の氏名、住所並びにその他法定の事項を通知または公告をしたときに、特別支配会社から売渡株主に対して、株式売渡請求がなされたものとみなされる（179 条の 4 第 3 項）。

エ 適 切。特別支配株主の株式等売渡請求に対し、対象会社が承認したときは、特別支配株主は、対象会社の承諾を得た場合に限り、売渡株主等に対して通知または公告した取得日（179 条の 2 第 1 項 5 号）の前日までに売渡株式等の全部について、株式等売渡請求を撤回することができる（179 条の 6 第 1 項）。

正解 ウ

問題 28. 株式の併合に関する以下のアからオまでの記述のうち、最も適切ではないものを１つ選びなさい。

ア. 株式会社が株式の併合をする場合、その都度、株主総会の特別決議によって、併合の割合、株式併合の効力発生日、効力発生日における発行可能株式総数、種類株式発行会社の場合は併合する株式の種類を定めなければならない。

イ. 株式会社が株式の併合をする場合、株式会社は、効力発生日の２週間前までに、株主およびその登録株式質権者に対し、株式の併合に関する株主総会の決議事項を通知又は公告しなければならない。

ウ. 株式の併合は、株価を引き上げる、資本を減少させる、合併に伴う合併比率を調整することなどを目的として行われる。

エ. 株式の併合が法令又は定款に違反する場合において、株主が不利益を受けるおそれがあるときは、株主は、株式会社に対し、当該株式の併合をやめることを請求することができる。

オ. 従前の発行可能株式総数が 10 万株、発行済株式の総数が３万株の公開会社において、２株を１株とする株式の併合がなされる場合、効力発生日における発行可能株式総数を最大７万株とすることができる。

問題 28.　**株式の併合**

ア　適　切。株式会社が株式の併合をする場合、その都度、株主総会の特別決議によって、併合の割合、株式併合の効力発生日、効力発生日における発行可能株式総数、種類株式発行会社の場合は併合する株式の種類を定めなければならない（180 条２項、309 条２項４号）。

イ　適　切。株式会社は、効力発生日の２週間前までに、株主及びその登録株式質権者に対し、併合の割合、株式併合の効力発生日、種類株式発行会社の場合は併合する株式の種類、効力発生日における発行可能株式総数を通知又は公告しなければならない（181 条）。

ウ　適　切。株式の併合は、株価を引き上げる、資本を減少させる、合併に伴う合併比率を調整することなどを目的として行われる。

エ　適　切。株式の併合が法令又は定款に違反する場合において、株主が不利益を受けるおそれがあるときは、株主は、株式会社に対し、当該株式の併合をやめることを請求することができる（182 条の３）。

オ　不適切。公開会社は、株主総会決議において、効力発生日における発行可能株式総数（113 条参照）を定める必要があるが（180 条２項４号）、当該株式総数は効力発生日における発行済み株式総数の４倍を超えることはできない（同条３項）。従って、発行済み株式総数の３万株が株式の併合により１万５千株となり、発行可能株式総数は６万株（１万５千株×４倍）を超えることはできない。

正解　オ

問題 29. 株式の分割に関する以下のアからオまでの記述のうち、最も<u>適切な</u>ものを１つ選びなさい。

ア．公開会社でない株式会社は、株式の分割をしようとするときは、株主総会の特別決議によらなければならない。

イ．株式の分割をした場合、会社の発行可能株式総数は当然に増加する。

ウ．株式の分割に対して、株主は、当該株式の分割をやめることを請求することができる。

エ．株式の分割をする株式会社は、あらかじめ、株式の分割に関する事項を記載した書面をその本店に備え置かなければならない。

オ．公開会社でない株式会社は、株式の分割をしようとするときは、株主総会において当該株式の分割に係る基準日を定めなければならない。

問題 29.　**株式の分割**

ア　不適切。公開会社でない株式会社は、株式の分割をしようとするときは、株主総会の普通決議によることができる（183 条２項）。

イ　不適切。株式の分割をしても、会社の発行可能株式総数は当然には増加しない。

ウ　不適切。株式の併合（182 条の３）とは違い、株式の分割に対して、株主は、当該株式の分割をやめることを請求することができない。

エ　不適切。株式の併合（182 条の２第１項）と違い、株式の分割をする株式会社が、あらかじめ、株式の分割に関する事項を記載した書面をその本店に備え置かなければならない明文の規定はない。

オ　適　切。公開会社でない株式会社は、株式の分割をしようとするときは、株主総会において当該株式の分割に係る基準日を定めなければならない（183 条２項１号）。

正解　オ

問題 30. 株式の分割と株式無償割当てに関する以下のアからエまでの記述のうち、最も適切なものを１つ選びなさい。

ア. 株式の分割は法文上「株式の発行」と観念されるが、株式無償割当ては「株式の発行」に含まれることはない。

イ. 株式の無償割当てでは、自己株式に対しても割り当てることができるが、株式分割では、自己株式を分割することはできない。

ウ. 株式の分割では同一種類の株式の数が増加するが、株式無償割当てでは同一又は異なる種類の株式が割り当てられる。

エ. 株式の分割では保有する自己株式を株主に交付することができるが、株式無償割当てでは保有する自己株式を交付することができない。

問題 30.　**株式の分割と株式無償割当て**

株式（の）分割（会社法 183 条）は、既存の株式を細分化して、株式数を増加させる。つまり、株式併合の逆パターンである。

株式無償割当て（185 条）は、株式分割と同様の経済的効果を生じさせるが、株主に対し、無償で、新株の割当て又は自己株式の交付をする。

ア　不適切。「株式の発行」たりうるのは、新株発行による株式無償割当てである。株式分割は、発行済株式数を増加させるだけで、「株式の発行」とは考えられていない。

イ　不適切。株式分割は、一律に株式を細分化するため、自己株式も分割される。これに対し、株式無償割当ては、株主に対する割当てであり、自己株式に対する割当てはない（186 条 2 項）。

ウ　適　切。株式分割は、従前の株式を細分化するので、同一種類の株式の増加しかありえない。これに対し、株式無償割当てでは、異なる種類の株式を割り当ててもよい。

エ　不適切。株式分割は、自己株式を含めた従前の株式が一律に細分化されるので、自己株式を交付することはできない。これに対し、株式無償割当てでは、割り当てた株式として、自己株式を交付することもできる。

正解　ウ

問題 31. 単元株制度に関する以下のアからオまでの記述のうち、最も適切ではないものを１つ選びなさい。

ア. 単元株制度を採用した会社では、株主は１単元について１個の議決権を有し、単元未満株式については議決権を行使することができない。

イ. 株券発行会社であっても、単元未満株式に係る株式を発行しないことができる旨を定款で定めることができる。

ウ. 単元株式数を減少し、又は単元株制度を廃止する場合、定款変更が必要であることから、株主総会決議が必要となる。

エ. 株式会社は、単元未満株主がその有する単元未満株式について残余財産の分配を受ける権利を行使することができない旨を定款で定めることができない。

オ. 単元株式数は、1,000 及び発行済株式総数の 200 分の１に当たる数を超えることができない。

問題 31. 単元株制度

ア 適 切。単元株制度を採用した会社では、株主は１単元について１個の議決権を有し（188条１項）、単元未満株式については議決権を行使することができない（189条１項）。

イ 適 切。株券発行会社は、単元未満株式に係る株券を発行しないことができる旨を定款で定めることができる（189条３項）。

ウ 不適切。単元株式数を減少し、又は単元株制度を廃止する場合、株主に利益をもたらすものなので、株主総会決議によらないで定款変更できる（195条１項）。すなわち、取締役の決定（取締役会設置会社にあっては、取締役会の決議）によってすることができる。

エ 適 切。株式会社は、単元未満株主がその有する単元未満株式について会社法189条２項各号に掲げる権利以外の権利の全部又は一部を行使することができない旨を定款で定めることができる（189条２項柱書）。ただし、残余財産の分配を受ける権利の行使を制限することはできない（189条２項５号）。

オ 適 切。単元株式数は、1,000及び発行済株式総数の200分の１に当たる数を超えることができない（188条２項、施行規則34条）。１単元が大きくなりすぎると、単元未満株が増加して株主を害することになるので、調整が図られている。

正解 ウ

問題 32. 株券に関する次の a から e までの記述のうち、適切ではないものの組合せを以下のアからオまでのうち１つ選びなさい。

a. 株券発行会社は、株式を発行した日以後遅滞なく、当該株式に係る株券を発行しなければならない。

b. 株式会社は、その株式に係る株券を発行する旨を定款で定めることができる。

c. 株券発行会社の株主は、当該株券発行会社に対し、当該株主の有する株式に係る株券の所持を希望しない旨を申し出ることができる。

d. 株券の占有者は、当該株券に係る株式についての権利を適法に有するものとみなす。

e. 株券の交付を受けた者は、善意であっても、過失がある限り、当該株券に係る株式についての権利を取得することができない。

ア. a と b　イ. c と d　ウ. a と c　エ. b と e　オ. d と e

問題 32. 株券

a 適 切。株券発行会社は、株式を発行した日以後遅滞なく、当該株式に係る株券を発行しなければならない（215 条 1 項）。

b 適 切。株式会社は、その株式に係る株券を発行する旨を定款で定めることができる（214 条）。

c 適 切。株券発行会社の株主は、当該株券発行会社に対し、当該株主の有する株式に係る株券の所持を希望しない旨を申し出ることができる（217 条 1 項）。

d 不適切。株券の占有者は、当該株券に係る株式についての権利を適法に有するものと推定する（131 条 1 項）。

e 不適切。株券の交付を受けた者は、悪意又は重大な過失があるとき、当該株券に係る株式についての権利を取得できない（131 条 2 項ただし書）。

従って、d と e が不適切であるため、正解はオとなる。

正解 オ

問題 33. 株主総会の権限に関する以下のアからエまでの記述のうち、最も適切ではないものを１つ選びなさい。

ア. 株主総会の権限は、会社の意思決定に限られ、執行行為をすることはできない。

イ. 取締役会設置会社でない会社において、株主総会は、株式会社に関する一切の事項について決議することができる。

ウ. 剰余金の配当に関する事項は、株主総会の決議事項であり、取締役会設置会社において、取締役会の決議によって剰余金の配当をすることができる旨を定款で定めることはできない。

エ. 取締役会設置会社において、株主総会における意思決定の権限は、原則として法律上定められた事項に限られるが、定款で定めれば、法定事項以外の事項を株主総会の権限とすることができる。

問題 33. 株主総会の権限

ア 適 切。株主総会の権限は、会社の意思決定に限られ、執行行為をすることはできない。執行は、取締役又は執行役がする。

イ 適 切。取締役会設置会社でない会社において、株主総会は、株式会社に関する一切の事項について決議することができる（295 条 1 項）。

ウ 不適切。剰余金の配当に関する事項は、株主総会の決議事項であるが（454 条 1 項）、取締役会設置会社は、一定の場合において、定款で定めることにより、取締役会の決議事項とすることができる（454 条 5 項）。

エ 適 切。取締役会設置会社において、株主総会における意思決定の権限は、原則として法律上定められた事項に限られる（295 条 2 項・3 項）。定款で定めれば、法定事項以外の事項を株主総会の権限とすることができる（295 条 2 項）。

正解 ウ

問題 34. 株主総会の招集に関する以下のアからエまでの記述のうち、最も<u>適切ではない</u>ものを１つ選びなさい。

ア. 株主総会を招集することができるのは、取締役であり、株主が招集を請求することはできない。

イ. 株主総会に出席しない株主が書面によって議決権を行使することができることとするためには、取締役が株主総会を招集する場合に、その旨の決定をしなければならない。

ウ. 公開会社において、株主総会を招集するには、取締役は、株主総会の日の２週間前までに、株主に対してその通知を発しなければならない。

エ. 原則として、株主総会は、株主の全員の同意があるときは、招集の手続を経ることなく開催することができる。

問題 34. 株主総会の招集

ア 不適切。株主総会を招集することができるのは、取締役であるが（296条３項）、株主も一定の要件を満たせば、招集を請求することができる（297条）。

イ 適 切。株主総会に出席しない株主が書面によって議決権を行使することができることとするためには、取締役が株主総会を招集する場合に、その旨の決定をしなければならない（298条１項３号）。

ウ 適 切。公開会社において、株主総会を招集するには、取締役は、株主総会の日の２週間前までに、株主に対してその通知を発しなければならない（299条１項）。

エ 適 切。株主総会は、株主の全員の同意があるときは、招集の手続を経ることなく開催することができる（300条）。

正解 ア

問題 35. 株主提案権に関する以下のアからオまでの記述のうち、最も適切ではないものを１つ選びなさい。

ア. 取締役会設置会社においては、総株主の議決権の 100 分の１以上の議決権又は 300 個以上の議決権を６か月前から引き続き有する株主に限り、取締役に対し、一定の事項を株主総会の目的とすることを請求することができる。

イ. 取締役会を設置していない会社の株主は、取締役に対し、株主総会の日の８週間前までに、株主総会の目的である事項につき当該株主が提出しようとする議案の要領を株主に通知することを請求することができる。

ウ. 取締役会設置会社の株主は、提出しようとする議案の数が 10 を超えるときは、10 を超える数の議案については、取締役に対し、当該株主が提出しようとする議案の要領を株主に通知することを請求することができない。

エ. 取締役会設置会社においては、総株主の議決権の 100 分の１以上の議決権又は 300 個以上の議決権を６か月前から引き続き有する株主に限り、株主総会において、株主総会の目的である事項につき議案を提出することができる。

オ. 株主は、株主総会において、法令に違反しなくても定款に違反する議案を提出することはできない。

問題 35.　株主提案権

ア　適　切。取締役会設置会社においては、総株主の議決権の 100 分の 1 以上の議決権又は 300 個以上の議決権を 6 か月前から引き続き有する株主に限り、取締役に対し、一定の事項を株主総会の目的とすることを請求することができる（303 条 2 項）。

イ　適　切。取締役会を設置していない会社の株主は、取締役に対し、株主総会の日の 8 週間前までに、株主総会の目的である事項につき当該株主が提出しようとする議案の要領を株主に通知することを請求することができる（305 条 1 項）。

ウ　適　切。取締役会設置会社の株主は、提出しようとする議案の数が 10 を超えるときは、10 を超える数の議案については、取締役に対し、当該株主が提出しようとする議案の要領を株主に通知することを請求することができない（305 条 4 項）。

エ　不適切。1 株主でも、株主総会において、株主総会の目的である事項につき議案を提出することができる（304 条）。

オ　適　切。株主は、株主総会において、法令もしくは定款に違反する議案を提出することはできない（304 条ただし書）。

正解　エ

問題 36. 株主の議決権に関する以下のアからエまでの記述のうち、最も適切ではないものを１つ選びなさい。

ア. 株主から取得した自己株式について、株式会社は議決権を行使することができる。

イ. 株主は、代理人によってその議決権を行使することができる。

ウ. 株主総会の決議は、定款に定めがあれば、議決権を行使することができる株主の議決権の過半数を有する株主が出席しなくても、出席した当該株主の議決権の過半数をもって行うことができる。

エ. 株主は、書面による議決権を行使することができる。

問題 36. 株主の議決権

ア 不適切。株主から取得した自己株式について、株式会社は議決権を行使することができない（308 条２項）。

イ 適 切。株主は、代理人によってその議決権を行使することができる（310 条１項）。

ウ 適 切。株主総会の決議は、定款に定めがあれば、議決権を行使することができる株主の議決権の過半数を有する株主が出席しなくても、出席した当該株主の議決権の過半数をもって行うことができる（309 条１項参照）。

エ 適 切。株主は、書面による議決権を行使することができる（311 条１項）。

正解 ア

問題 37. 株主総会の議事手続に関する以下のアからエまでの記述のうち、最も適切なものを１つ選びなさい。

ア. 株主は、代理権を証する書面を株式会社に提出しても、代理人によって株主総会の議決権を行使することができない。

イ. 株式会社は、株主総会の日から３か月間、株主総会において書面による議決権を行使した際の議決権行使書面を、その本店に備え置かなければならない。

ウ. 株主は、株主総会において、その有する議決権を統一しないで行使することができない。

エ. 取締役と違い、監査役は、株主総会において、株主から特定の事項について説明を求められた場合でも、当該事項について必要な説明をする義務はない。

問題 37. 株主総会の議事手続

ア 不適切。株主は、代理権を証する書面を株式会社に提出すれば、代理人によって株主総会の議決権を行使することができる（310 条 1 項）。

イ 適 切。株式会社は、株主総会の日から３か月間、株主総会において書面による議決権を行使した際の議決権行使書面を、その本店に備え置かなければならない（311 条 3 項）。

ウ 不適切。株主は、株主総会において、その有する議決権を統一しないで行使することができる（313 条 1 項）。

エ 不適切。取締役、会計参与、監査役及び執行役は、株主総会において、株主から特定の事項について説明を求められた場合には、当該事項について必要な説明をしなければならない（314 条）。

正解 イ

問題 38. 株式会社の機関に関する以下のアからオまでの記述のうち、最も適切ではないものを１つ選びなさい。

ア. 公開会社には、取締役会を置かなければならない。

イ. 監査役会設置会社には、取締役会を置かなければならない。

ウ. 公開会社でない株式会社には、取締役会を置くことができない。

エ. 指名委員会等設置会社には、監査役を置くことができない。

オ. 公開会社でない大会社は、会計監査人を置かなければならない。

問題 38. 機関

ア 適 切。公開会社には、取締役会を置かなければならない（327 条１項１号）。

イ 適 切。監査役会設置会社には、取締役会を置かなければならない（327 条１項２号）。

ウ 不適切。公開会社でない株式会社には、取締役会を置くことができる。

エ 適 切。指名委員会等設置会社には、監査役を置くことができない（327 条４項）。

オ 適 切。公開会社でない大会社は、会計監査人を置かなければならない（328 条２項）。

正解 ウ

問題 39. 取締役に関する以下のアからエまでの記述のうち、最も<u>適切ではない</u>ものを１つ選びなさい。

ア. 原則として、取締役の選任議案は、候補者ごとに１個の議案となり、各候補者の選任議案が出席株主の議決権の過半数の賛成を得た場合は、当該候補者が選任される。

イ. 取締役の選任に関する株主総会の決議については、定款の規定をもって、その定足数を議決権を有する株主の３分の１未満とすることができる。

ウ. 公開会社でない株式会社（監査等委員会設置会社及び指名委員会等設置会社を除く）においては、定款によって、取締役の任期を選任後 10 年以内に終了する事業年度のうち最終のものに関する定時株主総会の終結の時まで伸長することができる。

エ. 累積投票によって選任された取締役を解任するためには、株主総会の特別決議を必要とする。

問題 39. 取締役

ア 適 切。原則として、取締役の選任議案は、候補者ごとに１個の議案となり、各候補者の選任議案が出席株主の議決権の過半数の賛成を得た場合は、当該候補者が選任される（341 条）。

イ 不適切。取締役は、株主総会の普通決議によって選任又は解任される（329 条１項）。定款の規定をもって、定足数を議決権の３分の１未満とすることは禁じられている（341 条）。

ウ 適 切。公開会社でない株式会社（監査等委員会設置会社及び指名委員会等設置会社を除く）において、定款によって、同項の任期を選任後 10 年以内に終了する事業年度のうち最終のものに関する定時株主総会の終結の時まで伸長することを妨げない（332 条２項）。

エ 適 切。累積投票によって選任された取締役を解任するためには、株主総会の特別決議を必要とする（342 条６項、309 条２項７号）。

正解 イ

問題 40. 取締役の資格に関する以下のアからオまでの記述のうち、最も適切ではないものを１つ選びなさい。

ア. 会社法その他一定の法律の規定に反して刑に処せられ、その執行を終わり又は執行を受けることがなくなった日から２年を経過しない者は、取締役になることができない。

イ. 取締役になり得るのは自然人に限られ、法人は取締役になり得ない。

ウ. 未成年者であっても、取締役になることができる。

エ. 被保佐人は、民法の規定に基づき代理権を得た保佐人が、被保佐人の同意を得た上で就任の承諾をすることによって、取締役になることができる。

オ. 成年被後見人又は被保佐人がした取締役の資格に基づく行為は、行為能力の制限によって取り消すことができる。

問題 40.　取締役の資格

ア　適　切。会社法その他一定の法律の規定に反して刑に処せられ、その執行を終わり又は執行を受けることがなくなった日から２年を経過しない者は、取締役になることができない（331 条１項３号）。

イ　適　切。取締役になり得るのは自然人に限られる（331 条１項１号）。よって、法人は取締役になり得ない。株式会社の取締役は、個人的力量を信頼されて選任されたものであり、職務の特質上法人取締役は認められないというのが、登記実務の取り扱いである（昭 32. 10. 30 民事甲 2088 号民事局長回答）。

ウ　適　切。会社法の規定では、未成年者は取締役の欠格事由に挙げられていない（331 条を参照）。未成年者であっても、意思能力が認められる程度の年齢であれば、法定代理人の同意を得て取締役に就任することが可能とされている。

エ　適　切。被保佐人については、その保佐人の同意を得て、被保佐人が就任の承諾をするか（331 条の２第２項）、又は民法 876 条の４第１項の代理権を得た保佐人が被保佐人の同意を得た上で、就任の承諾をすることによって（同条３項）、取締役になることができる。

オ　不適切。成年被後見人又は被保佐人がした取締役の資格に基づく行為は、行為能力の制限によっては取り消すことができない（331 条の２第４項）。

正解　オ

問題 41. 株式会社の取締役の選任及び解任に関する以下のアからオまでの記述のうち、最も適切ではないものを１つ選びなさい。

ア. 取締役は株主総会の普通決議によって選任されるが、定款規定をもってしても、その定足数は、議決権を有する株主の３分の１未満とすることはできない。

イ. 取締役の選任決議は、少数派株主の意思を反映させることができるように、累積投票による方法を採用するのが原則であることから、累積投票を排除する旨の定めをした定款は無効となる。

ウ. 累積投票によって選任された取締役を解任するためには、株主総会の特別決議が必要である。

エ. 監査等委員会設置会社の取締役の任期は、監査等委員であるものを除き、選任後１年以内に終了する事業年度のうち最終のものに関する定時株主総会の終結の時までとされている。

オ. 取締役の選任は株主総会の決議で行うこととされているが、この規定は強行規定であると解されており、定款によって取締役を取締役会で選任する旨の定めをすることはできない。

問題 41.　取締役の選任及び解任

ア　適　切。取締役は、株主総会の普通決議によって選任又は解任される（329 条 1 項）。定款の規定をもって、定足数を議決権の 3 分の 1 未満とすることは禁じられている（341 条）。

イ　不適切。原則として、取締役の選任議案は、候補者ごとに 1 個の議案となり、各候補者の選任議案が出席株主の議決権の過半数の賛成を得た場合は、当該候補者が選任される仕組である（341 条）。また、会社法は、累積投票を定款で排除することを認めている（342 条 1 項）。

ウ　適　切。累積投票によって選任された取締役を解任するためには、株主総会の特別決議を必要とする（342 条 6 項、309 条 2 項 7 号）。

エ　適　切。監査等委員会設置会社の取締役の任期は、監査等委員であるものを除き、選任後 1 年以内に終了する事業年度のうち最終のものに関する定時株主総会の終結の時までとされている（332 条 1 項・3 項）。

オ　適　切。役員（取締役・会計参与・監査役）及び会計監査人の選任は、株主総会の決議で行うこととされている（329 条 1 項）。この規定は強行規定であると解されており、定款によって取締役を取締役会で選任する旨の定めをすることはできない（295 条 3 項）。

正解　イ

問題 42. 取締役に関する以下のアからオまでの記述のうち、最も適切ではないものを１つ選びなさい。

ア. 成年被後見人は取締役になることができない。

イ. 公開会社において、取締役が株主でなければならない旨を定款で定めることはできない。

ウ. 取締役が２人以上ある場合には、株式会社の業務は、定款に別段の定めがある場合を除き、取締役の過半数をもって決定する。

エ. 取締役は、法令及び定款並びに株主総会の決議を遵守し、株式会社のため忠実にその職務を行わなければならない。

オ. 取締役が株式会社に対して訴えを提起する場合には、株主総会は、当該訴えについて株式会社を代表する者を定めることができる。

問題 42. 取締役

ア 不適切。成年被後見人は取締役になることができる（331 条の２）。

イ 適　切。公開会社において、取締役が株主でなければならない旨を定款で定めることはできない（331 条２項）。

ウ 適　切。取締役が２人以上ある場合には、株式会社の業務は、定款に別段の定めがある場合を除き、取締役の過半数をもって決定する（348 条２項）。

エ 適　切。取締役は、法令及び定款並びに株主総会の決議を遵守し、株式会社のため忠実にその職務を行わなければならない（355 条）。

オ 適　切。取締役が株式会社に対して訴えを提起する場合には、株主総会は、当該訴えについて株式会社を代表する者を定めることができる（353 条）。

正解　ア

問題 43. 取締役の報酬等に関する以下のアからエまでの記述のうち、最も適切ではないものを１つ選びなさい。なお、本問における株式会社は、取締役会設置会社であって、監査等委員会設置会社ではなく、指名委員会等設置会社でもない。

ア. 取締役の報酬等は、職務執行の対価として株式会社から受ける財産上の利益であり、その額等については、定款に定めていないときは、株主総会の決議によって定める。

イ. 判例によれば、取締役であった者に対する退職慰労金は、当該取締役の在職中の職務執行の対価として支給される場合には、会社法上の「報酬」に含まれる。

ウ. 判例によれば、全取締役に対する報酬の総額が株主総会の決議によって定められている場合には、個々の取締役への報酬額の具体的配分の決定は、取締役会に一任することができる。

エ. 判例によれば、定款又は株主総会の決議によって取締役の報酬が具体的に定められた場合であっても、その後に、当該報酬を不支給とする株主総会の決議が行われたときは、当該取締役の同意がなくても、当該報酬を不支給とすることができる。

問題 43. 取締役の報酬等

ア 適 切。取締役の報酬の額の決定を取締役会にまかせると、いわゆるお手盛りの弊害があることから、定款又は株主総会の決議で定めなければならないとされている（361 条 1 項）。

イ 適 切。判例によれば、取締役であった者に対する退職慰労金は、当該取締役の在職中の職務執行の対価として支給される場合には、会社法上の「報酬」に含まれる（最判昭 39. 12. 11）。

ウ 適 切。判例によれば、全取締役に対する報酬の総額の最高限度額を株主総会の決議によって定めた場合には、個々の取締役への報酬額の具体的配分の決定は、取締役会に一任することができる（最判昭 60. 3 . 26）。

エ 不適切。判例によれば、取締役の報酬額が定款又は株主総会の決議によって具体的に定められた場合には、その後に、当該報酬を不支給とする株主総会の決議が行われたとしても、当該取締役は、これに同意しない限り、当該報酬請求権を失わない（最判平 4 . 12. 18）。

正解 エ

問題 44. 役員等の報酬等に関する以下のアからエまでの記述のうち、最も適切ではないものを１つ選びなさい。なお、本問における株式会社は、取締役会設置会社であって、監査等委員会設置会社ではなく、指名委員会等設置会社でもない。

ア. 判例によれば、定款又は株主総会の決議によって取締役の報酬が具体的に定められた場合であっても、その後に、当該報酬を不支給とする株主総会の決議が行われたときは、当該取締役の同意がなくても、当該報酬を不支給とすることができる。

イ. 判例によれば、取締役の退職慰労金は、当該取締役の在職中の職務執行の対価として支給される場合には会社法上の「報酬等」に含まれ、定款又は株主総会の決議で定める必要がある。

ウ. 判例によれば、全取締役に対する報酬の総額の最高限度額を株主総会の決議によって定めれば、個々の取締役への報酬額の具体的配分の決定は、取締役会に一任することができる。

エ. 監査役会設置会社における取締役が会計監査人の報酬等を定める場合には、監査役会の同意を得なければならない。

問題 44.　**役員等の報酬等**

ア　不適切。判例は、取締役の報酬額が定款又は株主総会の決議によって具体的に定められた場合には、その後に、当該報酬を不支給とする株主総会の決議が行われたとしても、当該取締役は、これに同意しない限り、当該報酬請求権を失わないとしている（最判平4.12.18）。

イ　適　切。判例によれば、取締役であった者に対する退職慰労金は、当該取締役の在職中の職務執行の対価として支給される場合には、会社法上の「報酬等」に含まれ、定款又は株主総会の決議で定める必要がある（最判昭39.12.11）。

ウ　適　切。判例によれば、全取締役に対する報酬の総額の最高限度額を株主総会の決議によって定めた場合には、個々の取締役への報酬額の具体的配分の決定は、取締役会に一任することができる(最判昭60.3.26)。

エ　適　切。監査役会設置会社における取締役が会計監査人の報酬等を定める場合には、監査役会の同意を得なければならない（399条1項・2項）。

正解　ア

問題 45. 社外取締役は、株式会社の取締役であって、一定の要件を満たす必要がある。以下のアからエまでの要件に関する記述のうち、最も適切ではないものを１つ選びなさい。

ア. 株式会社又はその子会社の業務執行取締役若しくは執行役又は支配人その他の使用人（以下「業務執行取締役等」という。）でなく、かつ、その就任の前３年間当該株式会社又はその子会社の業務執行取締役等であったことがないこと。

イ. 株式会社の親会社等（自然人であるものに限る。）又は親会社等の取締役若しくは執行役若しくは支配人その他の使用人でないこと。

ウ. 株式会社の親会社等の子会社等（当該株式会社及びその子会社を除く。）の業務執行取締役等でないこと。

エ. 株式会社の取締役若しくは執行役若しくは支配人その他の重要な使用人又は親会社等（自然人であるものに限る。）の配偶者又は二親等内の親族でないこと。

問題 45.　社外取締役

ア　不適切。株式会社又はその子会社の業務執行取締役若しくは執行役又は支配人その他の使用人でなく、かつ、その就任の前 10 年間当該株式会社又はその子会社の業務執行取締役等であったことがないこと（２条 15 号イ）。

イ　適　切。株式会社の親会社等（自然人であるものに限る。）又は親会社等の取締役若しくは執行役若しくは支配人その他の使用人でないこと（２条 15 号ハ）。

ウ　適　切。株式会社の親会社等の子会社等（当該株式会社及びその子会社を除く。）の業務執行取締役等でないこと（２条 15 号ニ）。

エ　適　切。株式会社の取締役若しくは執行役若しくは支配人その他の重要な使用人又は親会社等（自然人であるものに限る。）の配偶者又は二親等内の親族でないこと（２条 15 号ホ）。

正解　ア

問題 46. 代表取締役に関する以下のアからオまでの記述のうち、最も適切ではないものを１つ選びなさい。

ア. 取締役会設置会社において、代表取締役の選定、解職は取締役会によってなされる。

イ. 代表取締役は必ず１名でなければならない。

ウ. 代表取締役の氏名、住所は必ず登記しなければならない。

エ. 代表取締役が欠けた場合又は定款で定めた代表取締役の員数が欠けた場合には、任期の満了又は辞任により退任した代表取締役は、新たに選定された代表取締役が就任するまで、なお代表取締役としての権利義務を有する。

オ. 株式会社は、代表取締役以外の取締役に社長、副社長その他株式会社を代表する権限を有するものと認められる名称を付した場合には、当該取締役がした行為について、善意の第三者に対してその責任を負う。

問題 46. 代表取締役

ア 適　切。取締役会設置会社において、代表取締役の選定、解職は取締役会によってなされる（362 条２項３号）。

イ 不適切。代表取締役の員数については法律上特に制限はない。

ウ 適　切。代表取締役の氏名、住所は必ず登記しなければならない（911 条３項 14 号）。

エ 適　切。代表取締役が欠けた場合又は定款で定めた代表取締役の員数が欠けた場合には、任期の満了又は辞任により退任した代表取締役は、新たに選定された代表取締役が就任するまで、なお代表取締役としての権利義務を有する（351 条１項）。

オ 適　切。株式会社は、代表取締役以外の取締役に社長、副社長その他株式会社を代表する権限を有するものと認められる名称を付した場合には、当該取締役がした行為について、善意の第三者に対してその責任を負う（354 条）。

正解　イ

問題 47. 取締役会に関する以下のアからオまでの記述のうち、最も適切ではないものを１つ選びなさい。なお、本問における株式会社は、取締役会設置会社であって、監査等委員会設置会社ではなく、指名委員会等設置会社でもない。

ア. 業務を執行する取締役は、３か月に１回以上、自己の職務の執行の状況を取締役会に報告しなければならない。

イ. 取締役会の決議は、原則として、議決に加わることができる取締役の過半数が出席し、出席取締役の過半数の賛成によって成立する。

ウ. 重要な財産の処分をするには、取締役会の決議が必要であるが、判例は、取締役会の決議がない重要な財産の処分も原則として有効であり、取締役会決議を経ていないことを相手方が知り又は知り得たときに限り無効であるとしている。

エ. 取締役会において、決議について特別の利害関係を有する取締役は議決に加わることができない。

オ. 取締役会の決議の方法が法令に違反する場合、当該取締役会の決議の日から３か月以内に、訴えをもってその無効を主張することができる。

問題 47.　取締役会

ア　適　切。取締役会設置会社の業務を執行する取締役は、３か月に１回以上、自己の職務の執行の状況を取締役会に報告しなければならない（363 条２項)。

イ　適　切。取締役会の決議は、議決に加わることができる取締役の過半数（これを上回る割合を定款で定めた場合には、その割合以上）が出席し、その過半数（これを上回る割合を定款で定めた場合には、その割合以上）をもって行う（369 条１項)。

ウ　適　切。重要な財産の処分をするには、取締役会の決議が必要であるが（362 条４項１号)、判例は、取締役会の決議がない重要な財産の処分も原則として有効であり、取締役会決議を経ていないことを相手方が知りまたは知り得たときに限り無効であるとしている（最判昭 40．9．22)。

エ　適　切。決議の公正を期すため、決議について特別の利害関係を有する取締役は議決に加わることができない（369 条２項)。

オ　不適切。会社法は、取締役会の決議の手続や内容に法令違反等の瑕疵がある場合については、株主総会の場合における会社法 830 条、831 条のような特別の規定を設けていないことから、私法の一般原則に従い、当該決議は当然に無効となり、原則として、いつでも、誰でも、どのような方法でも無効を主張することができる。

正解　オ

問題 48. 株式会社の取締役会の決議に関する以下のアからエまでの記述のうち、最も適切なものを１つ選びなさい。なお、本問における株式会社は、取締役会設置会社であって、監査等委員会設置会社ではなく、指名委員会等設置会社でもない。

ア．取締役会の決議について特別の利害関係を有する取締役であっても、その議決に加わることはできるが、その決議が著しく不公正であった場合は、決議の取消事由となる。

イ．取締役会の決議は、議決に加わることができる取締役の過半数が出席し、出席取締役の過半数の賛成によって成立するが、定款により定足数及び表決数の要件を加重することはできるが、軽減することはできない。

ウ．取締役が取締役会の決議の目的である事項について提案をした場合において、当該提案につき取締役の全員が書面により同意の意思表示をした場合でも、当該提案を可決する旨の取締役会の決議があったものとみなす旨を定款で定めることはできない。

エ．代表取締役の選定決議及び解職決議について、候補者自身及び当該代表取締役自身は、特別利害関係人に当たらないとするのが判例である。

問題 48.　**取締役会の決議**

ア　不適切。会社法 369 条 2 項は、取締役会の「決議について特別の利害関係を有する取締役は、議決に加わることができない。」と規定している。特別利害関係を有する取締役について議決権行使を排除しているのは、取締役が会社のために忠実に職務を執行する義務を負っていることの表れである。

イ　適　切。会社法 369 条 1 項は、「取締役会の決議は、議決に加わることができる取締役の過半数（これを上回る割合を定款で定めた場合にあっては、その割合以上）が出席し、その過半数（これを上回る割合を定款で定めた場合にあっては、その割合以上）をもって行う。」と規定している。括弧書きにあるように、定款により定足数及び表決数の要件を加重することはできるが軽減する旨の規定はない。

ウ　不適切。会社法 370 条は、「取締役会設置会社は、取締役が取締役会の決議の目的である事項について提案をした場合において、当該提案につき取締役（当該事項について議決に加わることができるものに限る。）の全員が書面又は電磁的記録により同意の意思表示をしたとき（監査役設置会社にあっては、監査役が当該提案について異議を述べたときを除く。）は、当該提案を可決する旨の取締役会の決議があったものとみなす旨を定款で定めることができる。」と規定している。外国に居住する取締役等がいる場合でも、機動的な意思決定をする必要が生じるときがあるからである。

エ　不適切。代表取締役の選定決議について、候補者自身は、特別利害関係人に当たらないとするのが通説である。なぜなら、当該決議は、業務執行の決定への参加にほかならないからである。これに対し、代表取締役の解職決議について、当該代表取締役自身は、特別利害関係人に当たるとするのが判例である（最判昭 44．3．28）。なぜなら、この場合、当該代表取締役が私心を去って会社に対して忠実に議決権を行使することは困難だからである。

正解　イ

問題 49. 取締役会設置会社（指名委員会等設置会社を除く。）の特別取締役に関する以下のアからオまでの記述のうち、最も適切ではないものを１つ選びなさい。

ア. 特別取締役が決定する事項には、重要な財産の処分・譲受けと多額の借財の決定のみならず、会社法上取締役会に業務執行の決定が委ねられている事項すべてが対象となる。

イ. 特別取締役を選任するための要件の１つに、当該株式会社の取締役の数が６人以上であることが挙げられる。

ウ. 特別取締役による議決の定めは、取締役会で定めれば足りるので、定款で定めることを必要としない。

エ. 特別取締役の互選によって定められた者は、特別取締役による取締役会決議があったときは、遅滞なく、当該決議の内容を特別取締役以外の取締役に報告しなければならない。

オ. 特別取締役を選任するための要件の１つに、当該株式会社の取締役のうち１人以上が社外取締役であることが挙げられる。

問題 49.　特別取締役

ア　不適切。特別取締役によって決議することのできる事項は、重要な財産の処分・譲受けと多額の借財の決定だけである（373 条 1 項柱書、362 条 4 項 1 号・2 号、399 条の 13 第 4 項 1 号・2 号）。会社法上取締役会に業務執行の決定が委ねられている事項すべてが対象とされているわけではない。

イ　適　切。特別取締役を選任するための要件の 1 つに、当該株式会社の取締役の数が 6 人以上であることが挙げられる（373 条 1 項 1 号）。

ウ　適　切。取締役会設置会社（指名委員会等設置会社を除く。）は、取締役会で取締役会のメンバーの一部を特別取締役としてあらかじめ選定しておき、取締役会で決定すべき事項のうち一定の事項について、特別取締役により議決し、それを取締役会決議とすることを認める制度を設けることができる（373 条 1 項）。

エ　適　切。特別取締役の互選によって定められた者は、特別取締役による取締役会の決議があったときは、遅滞なく、当該決議の内容を特別取締役以外の取締役に報告しなければならない（373 条 3 項）。

オ　適　切。特別取締役を選任するための要件の 1 つに、当該株式会社の取締役のうち 1 人以上が社外取締役であることが挙げられている（373 条 1 項 2 号）。

正解　ア

問題 50. 株式会社の取締役会の招集に関する以下のアからエまでの記述のうち、最も適切なものを１つ選びなさい。なお、本問における株式会社は、取締役会設置会社であって、監査等委員会設置会社ではなく、指名委員会等設置会社でもない。

ア. 取締役会を招集するには、取締役会の日から１週間前に各取締役に対し招集通知を発しなければならず、この期間は定款でも短縮することができない。

イ. 監査役は、取締役が法令・定款に反する行為をしているなど、必要があると認めるときは、取締役会の招集を請求することができる。

ウ. 取締役会の招集通知は、取締役会における会議の目的事項について特定し、書面による方法でしなければならない。

エ. 取締役会の招集権者を定めた場合、他の取締役は同人に対して、取締役会の目的を示して、取締役会の招集を請求することができるが、招集権者が取締役会の招集をしない場合でも、その請求をした取締役が自ら取締役会を招集することはできない。

問題 50. 取締役会の招集

ア 不適切。会社法 368 条 1 項は、「取締役会を招集する者は、取締役会の日の 1 週間（これを下回る期間を定款で定めた場合にあっては、その期間）前までに、各取締役（監査役設置会社にあっては、各取締役及び各監査役）に対してその通知を発しなければならない。」と規定しており、定款の定めにより、期間を短縮することができる。

イ 適 切。会社法 383 条 2 項は、「監査役は、前条に規定する場合において、必要があると認めるときは、取締役（第 366 条第 1 項ただし書に規定する場合にあっては、招集権者）に対し、取締役会の招集を請求することができる。」と規定している。「必要があると認めるとき」とは、取締役が法令・定款に反する行為をしているとき、またはその行為をするおそれがあると認められるとき等をいう。また、請求があった日から 5 日以内に、その請求があった日から 2 週間以内の日を取締役会の日とする取締役会の招集の通知が発せられない場合は、その請求をした監査役は、取締役会を招集することができる（383 条 3 項）。

ウ 不適切。取締役会の招集通知は書面による必要はなく、口頭でもよい。また、会議の目的事項について特定する必要はない。取締役は、議題が何であるかにかかわらず取締役会に出席する義務があり、会議では、業務執行の必要から審議し決議しなければならない議題がすべて付議されるからである。

エ 不適切。取締役会の招集権者を定めた場合でも、他の取締役は同人に対して、取締役会の目的を示して、取締役会の招集を請求することができる（366 条 2 項）。そして、請求があった日から 5 日以内に、その請求があった日から 2 週間以内の日を取締役会の日とする取締役会の招集の通知が発せられない場合には、その請求をした取締役は、取締役会を招集することができる（366 条 3 項）。

正解 イ

問題 51. 会計参与に関する以下のアからオまでの記述のうち、最も適切ではないものを１つ選びなさい。なお、本問における株式会社は、取締役会設置会社であって、監査等委員会設置会社ではなく、指名委員会等設置会社でもない。

ア. 会計参与は、公認会計士・監査法人又は税理士・税理士法人でなければならない。

イ. 会計参与は、取締役と共同して、計算書類及びその附属明細書、臨時計算書類並びに連結計算書類を作成する。

ウ. 会計参与は、計算書類等・連結計算書類を承認する取締役会に出席する義務を負い、必要があると認めるときは、意見を述べなければならない。

エ. 会計参与は、いつでも、①会計帳簿又はこれに関する資料の閲覧及び謄写をし、②取締役及び支配人その他の使用人に対して会計に関する報告を求めることができる。

オ. 公開会社ではない大会社は、会計監査人に代えて、会計参与を置くことができる。

問題 51. 会計参与

ア 適 切。会計参与は、公認会計士・監査法人又は税理士・税理士法人でなければならない（333 条 1 項）。

イ 適 切。会計参与は、取締役と共同して、計算書類及びその附属明細書、臨時計算書類並びに連結計算書類を作成する（374 条 1 項）。

ウ 適 切。会計参与は、計算書類等・連結計算書類を承認する取締役会（436 条 3 項、444 条 5 項）に出席する義務を負い、必要があると認めるときは、意見を述べなければならない（376 条 1 項）。

エ 適 切。会計参与は、いつでも、①会計帳簿又はこれに関する資料の閲覧及び謄写をし、②取締役及び支配人その他の使用人に対して会計に関する報告を求めることができる（374 条 2 項）。

オ 不適切。公開会社でない大会社は、会計監査人を置かなければならない（328 条 2 項）。本肢のような例外規定は存在しない。

正解 オ

問題 52. 監査役に関する以下のアからエまでの記述のうち、最も適切なものを１つ選びなさい。

ア. 監査役は取締役と兼任することができる。

イ. 監査役会設置会社においては、監査役は、３人以上で、そのうち過半数は、社外監査役でなければならない。

ウ. 監査役（監査役の監査の範囲を会計に関するものに限定する旨を定款で定めている場合を除く。）は、取締役会に出席し、必要があると認めるときは、意見を述べなければならない。

エ. 監査役の報酬は、定款にその額を定めていないときは、取締役会の決議によって定める。

問題 52. 監査役

ア 不適切。監査役は取締役と兼任することができない（335 条２項）。

イ 不適切。監査役会設置会社においては、監査役は、３人以上で、そのうち半数以上は、社外監査役でなければならない（335 条３項）。過半数ではない。

ウ 適 切。監査役（監査役の監査の範囲を会計に関するものに限定する旨を定款で定めている場合を除く。）は、取締役会に出席し、必要があると認めるときは、意見を述べなければならない（383 条１項、389 条７項）。

エ 不適切。監査役の報酬は、定款にその額を定めていないときは、株主総会の決議によって定める（387 条１項）。取締役会の決議によって定めるわけではない。

正解 ウ

問題53. 監査役会を設置している株式会社に関する以下のアからオまでの記述のうち、最も適切なものを１つ選びなさい。なお、本問における株式会社は、監査等委員会設置会社ではなく、指名委員会等設置会社でもない。

ア. 監査役会設置会社においては、監査役は、３人以上で、そのうち１人以上は社外監査役でなければならない。

イ. 監査役会設置会社における株主は、その権利行使のため必要であるときは、会社の営業時間内はいつでも、書面をもって作成された監査役会の議事に関する議事録の閲覧を請求することができる。

ウ. 監査役会において監査の方針や会社の業務及び財産の状況の調査方法等の事項の決定があった場合、各監査役は、その権限の行使にあたり、当該決定に従わなければならない。

エ. 監査役会は、少なくとも監査役の過半数を常勤の監査役として選定しなければならない。

オ. 取締役が監査役の全員に対して監査役会に報告すべき事項を通知したときは、当該事項を監査役会へ報告する必要はない。

問題 53.　監査役会設置会社

ア　不適切。監査役会設置会社においては、監査役は、３人以上で、そのうち半数以上は社外監査役でなければならない（335 条３項）。

イ　不適切。本記述は、監査役会非設置会社における株主の取締役会の議事録の閲覧請求権に関するものである（371 条２項）。監査役会の議事録について、監査役会設置会社における株主は、その権利を行使するため必要があるときで、かつ、裁判所の許可を得た場合に限り、閲覧の請求することができる（394 条２項）。よって、営業時間内はいつでも議事録の閲覧を請求できるわけではない。

ウ　不適切。監査役会制度の下でも各監査役の独任制の原則は維持されていることから、監査役会において、監査の方針、監査役会設置会社の業務及び財産の状況の調査方法その他の監査役の職務の執行に関する事項の決定があったとしても、その決定は、監査役の権限の行使を妨げることはできない（390 条２項ただし書、同項３号）。

エ　不適切。監査役会は、監査役の中から少なくとも１人、常勤の監査役を選定しなければならない(390 条３項)。

オ　適　切。取締役、会計参与、監査役又は会計監査人が監査役の全員に対して監査役会に報告すべき事項を通知したときは、当該事項を監査役会へ報告することを要しない（395 条）。

正解　オ

問題 54. 社外監査役に関する以下のアからエまでの記述のうち、最も適切でないものを１つ選びなさい。

ア. 公開会社における社外監査役の任期は、選任後４年以内に終了する事業年度のうち最終のものに関する定時株主総会の終結の時までとされている。

イ. 社外監査役になるには、その就任の前 10 年間当該株式会社又はその子会社の取締役、会計参与（会計参与が法人であるときは、その職務を行うべき社員）若しくは執行役又は支配人その他の使用人であったことがないことが必要となる。

ウ. 親会社の取締役は、子会社の社外監査役に就任することができない。

エ. 社外監査役は、定款の定めに基づく責任限定契約をその会社と締結することができない。

問題 54. 社外監査役

ア 適 切。監査役の任期は、選任後４年以内に終了する事業年度のうち最終のものに関する定時株主総会の終結の時までである（336 条１項）。この点は、社外監査役も同じである。

イ 適 切。社外監査役になるには、その就任の前 10 年間当該株式会社又はその子会社の取締役、会計参与（会計参与が法人であるときは、その職務を行うべき社員）若しくは執行役又は支配人その他の使用人であったことがないことが必要となる（２条 16 号のイ）。

ウ 適 切。親会社の取締役は、親会社の指揮・監督を受ける立場にあるので、従属性の排除という観点から、子会社の社外監査役にはなれない（２条 16 号ハ）。

エ 不適切。監査役は、定款の定めに基づく責任限定契約を会社と締結することができる（427 条１項）。従って、社外監査役も監査役であるから、責任限定契約を締結することができる。

正解 エ

問題 55. 会計監査人に関する以下のアからエまでの記述のうち、最も適切ではないものを１つ選びなさい。なお、本問における株式会社は、取締役会設置会社であって、監査等委員会設置会社ではなく、指名委員会等設置会社でもない。

ア. 会計監査人は、地位の独立性と監査の継続性を確保するため、株主総会の普通決議によって選任又は解任することができる。

イ. 株主総会に提出する会計監査人の選任及び解任並びに会計監査人を再任しないことに関する議案の内容は、監査役（監査役が２人以上ある場合はその過半数、監査役会設置会社では監査役会）が決定する。

ウ. 会計監査人は、その職務を行うため必要があるときは、子会社に対して会計に関する報告を求め、会社又はその子会社の業務及び財産の状況の調査をすることができ、当該子会社は、その報告又は調査を拒むことはできない。

エ. 会計監査人の任期は、選任後１年以内に終了する事業年度のうち最終のものに関する定時株主総会の終結の時までとなるが、当該定時株主総会において別段の決議がされなかったときは、当該定時株主総会において再任されたものとみなされる。

問題 55. 会計監査人

ア 適 切。役員（取締役、会計参与及び監査役をいう）及び会計監査人は、株主総会の決議によって選任する（329 条 1 項）。役員及び会計監査人は、いつでも、株主総会の決議によって解任することができる（339 条 1 項）。

イ 適 切。株主総会に提出する会計監査人の選任及び解任並びに会計監査人を再任しないことに関する議案の内容は、監査役（監査役が２人以上ある場合はその過半数、監査役会設置会社では監査役会）が決定する（344 条 1 項・3 項）。

ウ 不適切。会計監査人は、その職務を行うため必要があるときは、子会社に対して会計に関する報告を求め、会社又はその子会社の業務及び財産の状況の調査をすることができるが（396 条 3 項）、当該子会社は、正当な理由があるときは、その報告又は調査を拒むことができる（396 条 4 項）。

エ 適 切。会計監査人の任期は、選任後 1 年以内に終了する事業年度のうち最終のものに関する定時株主総会の終結の時までとなる（338 条 1 項）が、当該定時株主総会において別段の決議がされなかったときは、当該定時株主総会において再任されたものとみなされる（同条 2 項）。

正解 ウ

問題 56. 会計監査人に関する次のａからｅまでの記述のうち、適切ではないものの組合せを以下のアからオまでのうち１つ選びなさい。なお、本問における株式会社は、取締役会設置会社であって、監査等委員会設置会社ではなく、指名委員会等設置会社でもない。

ａ．会計監査人の報酬等を定める場合、監査役（監査役が２人以上ある場合はその過半数、監査役会設置会社では監査役会）の同意を得なければならない。

ｂ．会計監査人は自然人でなければならず、監査法人は会計監査人になることができない。

ｃ．株主総会に提出する会計監査人の選任に関する議案の内容は、監査役（監査役が２人以上ある場合はその過半数、監査役会設置会社では監査役会）が決定する。

ｄ．計算書類が法令又は定款に適合するかどうかについて会計監査人が監査役と意見を異にする場合、会計監査人は、定時株主総会に出席して意見を述べることができる。

ｅ．会計監査人は、その職務を行うため必要があるときは、子会社に対して会計に関する報告を求め、会社又はその子会社の業務及び財産の状況の調査をすることができ、当該子会社は、正当な理由があっても、その報告又は調査を拒むことはできない。

ア．ａとｂ　イ．ａとｄ　ウ．ｂとｅ　エ．ｃとｄ　オ．ｃとｅ

問題 56. 会計監査人

a　適　切。会計監査人の報酬等は会社が定めるが、取締役が、会計監査人の報酬等を定める場合には、監査役（監査役が２人以上ある場合はその過半数）の同意を得なければならない（399 条１項）。また、監査役会設置会社の場合、監査役会の同意を得なければならない（同条２項）。

b　不適切。法人は、監査役になることはできないが（335 条１項、331 条１項１号）、監査法人であれば、会計監査人になることができる。会計監査人は、公認会計士又は監査法人でなければならないとされている（337 条１項）。

c　適　切。株主総会に提出する会計監査人の選任及び解任並びに会計監査人を再任しないことに関する議案の内容は、監査役（監査役が２人以上ある場合はその過半数、監査役会設置会社では監査役会）が決定する（344 条１項・３項）。

d　適　切。会計監査人は、計算書類が法令又は定款に適合するか否かについて監査役と意見を異にする場合は、定時株主総会に出席して意見を述べることができる（398 条１項）。

e　不適切。会計監査人は、その職務を行うため必要があるときは、子会社に対して会計に関する報告を求め、会社又はその子会社の業務及び財産の状況の調査をすることができるが（396 条３項）、当該子会社は、正当な理由があるときは、その報告又は調査を拒むことができる（396 条４項）。

従って、ｂとｅが不適切であるため、正解は肢ウとなる。

正解　ウ

問題 57. 監査等委員会設置会社に関する以下のアからオまでの記述のうち、最も適切なものを１つ選びなさい。

ア. 監査等委員会設置会社は、常勤の監査等委員を置かなければならない。

イ. 監査等委員会設置会社の取締役会は、内部統制システムの整備に関する決定を行うことが義務づけられている。

ウ. 監査等委員会設置会社の代表取締役は、監査等委員である取締役の中から選定しなければならない。

エ. 監査等委員会設置会社において、監査等委員である取締役の報酬については、それ以外の取締役と区別して定めてはならない。

オ. 各監査等委員は、個々に、監査等委員会設置会社の業務及び財産の状況を調査する権限を有する独任性を採用している。

問題 57.　監査等委員会設置会社

ア　不適切。本肢のような規定は存在しない（390 条 3 項対比）。

イ　適　切。監査等委員会設置会社の取締役会は、内部統制システムの整備に関する決定を行うことが義務づけられている。（399 条の 13 第 1 項 1 号ハ）。

ウ　不適切。監査等委員会設置会社の取締役会は、取締役（監査等委員である取締役を除く）の中から代表取締役を選定しなければならない（399 条の 13 第 3 項）。監査等委員である取締役を代表取締役にできないのは、監査する者とされる者が同一であると、自己監査になってしまうからである。なお、監査等委員は、業務執行取締役等の兼任も禁じられている（331 条 3 項）。

エ　不適切。報酬等については、監査等委員である取締役とそれ以外の取締役とを区別して定め、定款の定め又は株主総会の決議がないときは、監査等委員である取締役の協議によって定める（361 条 2 項・3 項）。

オ　不適切。監査役設置会社や監査役会設置会社と異なり、監査等委員会設置会社では独任制の原則は採用されておらず、監査の職務権限は基本的には監査等委員会に帰属している。監査等委員は、監査等委員会から選定されて初めて、会社・子会社の業務及び財産状況の調査権限を持つこととなる（399 条の 3 第 1 項）。

正解　イ

問題 58. 監査等委員会設置会社に関する次のａからｅまでの記述のうち、適切なものの組合せを以下のアからオまでのうち１つ選びなさい。

ａ．監査等委員会設置会社は、取締役会設置会社であるが、監査役を置いてはならない。

ｂ．監査等委員である取締役は、３人以上で、その過半数は、社外取締役でなければならない。

ｃ．監査等委員である取締役の任期は、選任後２年以内に終了する事業年度のうち最終のものに関する定時株主総会の終結の時までであるが、定款又は株主総会の決議によって、短縮することができる。

ｄ．監査等委員以外の取締役の任期は、選任後２年以内に終了する事業年度のうち最終のものに関する定時株主総会の終結の時までであり、定款又は株主総会の決議によって、短縮することができる。

ｅ．取締役会の招集権者が定められている場合には、監査等委員会が選定する監査等委員は、取締役会を招集することができない。

ア．ａとｂ　イ．ａとｃ　ウ．ｂとｄ　エ．ｃとｅ　オ．ｄとｅ

問題 58. 監査等委員会設置会社

a 適 切。監査等委員会設置会社は、取締役会設置会社であるが（327 条1項3号）、監査役を置いてはならない（327 条2項カッコ書き、同条4項）。

b 適 切。監査等委員である取締役は、３人以上で、その過半数は、社外取締役でなければならない（331 条6項）。経営陣から独立した社外取締役を監査等委員会の中心的な構成員とすることにより、監査の実効性を高めようとする趣旨である。

c 不適切。監査等委員である取締役の任期は、選任後２年以内に終了する事業年度のうち最終のものに関する定時株主総会の終結の時までであるが（332 条1項本文）、定款又は株主総会の決議によって、短縮することはできない（同条4項）。監査等委員の身分保障を図ることにより経営陣からの独立性を高めようとする趣旨である。

d 不適切。監査等委員以外の取締役の任期は、選任後１年以内に終了する事業年度のうち最終のものに関する定時株主総会の終結の時までであり、定款又は株主総会の決議によって、短縮することができる（332 条1項・3項）。

e 不適切。取締役会の招集権者が定められている場合であっても、監査等委員会が選定する監査等委員は、取締役会を招集することができる（399 条の 14）。

従って、ａとｂが適切であるため、正解は肢アとなる。

正解 ア

問題 59. 指名委員会等設置会社に関する以下のアからオまでの記述のうち、最も適切なものを１つ選びなさい。

ア．指名委員会等設置会社の取締役は、支配人その他の使用人を兼ねることができる。

イ．指名委員会等設置会社では、取締役会決議により、多額の借財の決定を執行役へ委任することができる。

ウ．指名委員会等設置会社の各委員会の委員は、取締役の中から株主総会の決議によって選定される。

エ．指名委員会等設置会社の執行役の選任及び解任は、株主総会の決議によって行う。

オ．報酬委員会は、支配人その他の使用人の報酬等を決定することができるが、取締役及び執行役の報酬等は決定することができない。

問題 59. 指名委員会等設置会社

ア 不適切。指名委員会等設置会社の取締役は、執行役を兼ねることができる（402 条 6 項）。なお、指名委員会等設置会社の取締役は、支配人その他の使用人を兼ねることはできない（331 条 4 項）。

イ 適 切。指名委員会等設置会社では、取締役会決議により、業務執行の決定を「執行役」に委任することができる（416 条 4 項柱書）。しかし、指名委員会等設置会社か否かにかかわらず、取締役会決議により、多額の借財の決定を「取締役」に委任することはできない（362 条 4 項柱書）。

ウ 不適切。指名委員会等設置会社は、指名委員会、監査委員会、報酬委員会という 3 つの委員会で構成され（2 条 12 号）、各委員会の委員は、取締役の中から取締役会が選定する（400 条 2 項）。

エ 不適切。執行役は、取締役会の決議によって選任する（402 条 2 項）。また、執行役は、いつでも、取締役会の決議によって解任することができる（403 条 1 項）。

オ 不適切。報酬委員会は、取締役及び執行役の個人別の報酬等の内容を決定する（404 条 3 項前段）。

正解 イ

問題 60. 指名委員会等設置会社に関する以下のアからエまでの記述のうち、最も適切ではないものを１つ選びなさい。

ア．指名委員会等設置会社の取締役は、原則として業務執行をすることができない。

イ．指名委員会等設置会社の各委員会の構成員は、３人以上で、その過半数は社外取締役でなければならない。

ウ．指名委員会等設置会社は、指名委員会、監査委員会、報酬委員会を置かなければならないが、執行役を置くことは任意である。

エ．指名委員会等設置会社の取締役会の権限は、原則として、基本事項の決定、各委員会の委員の選定及び監督、執行役の選任及び監督等に限定される。

問題 60.　指名委員会等設置会社

ア　適　切。指名委員会等設置会社の取締役は、法令に別段の定めがある場合を除いて、取締役の資格では業務執行をすることができない（415 条）。指名委員会等設置会社制度は、平成 14 年改正で導入された制度であり、指名委員会等設置会社の特色は、業務執行は執行役が担当し、取締役は原則として業務執行はできないとし、各委員会が監査・監督の役割を果たすとすることで、監督と執行が制度的に分離されるところにある。

イ　適　切。指名委員会等設置会社において、各委員会は、委員３人以上で組織し、各委員会の過半数は社外取締役でなければならない（400 条１項・３項）。

ウ　不適切。指名委員会等設置会社は、指名委員会、監査委員会、報酬委員会を置かなければならない（２条 12 号）。また、１人又は２人以上の執行役を置かなければならない（402 条１項）。

エ　適　切。指名委員会等設置会社の取締役会の権限は、原則として、基本事項の決定、各委員会の委員の選定及び監督、執行役の選任及び監督等に限定される（416 条１項、400 条２項、401 条１項、402 条２項）。

正解　ウ

問題 61. 株式会社と取締役の関係に関する次のａからｄまでの記述のうち、適切なものの組合せを以下のアからオまでのうち１つ選びなさい。

ａ．取締役会設置会社の取締役が取締役会の承認を受けて利益相反取引をしたときは、その取引によって当該会社に損害が生じても、当該取締役は、会社に対する損害賠償責任を負うことはない。

ｂ．取締役会設置会社の取締役が取締役会の承認を受けずに競業取引を行った場合に当該取締役が得た利益の額は、当該株式会社に生じた損害の額と推定される。

ｃ．判例によれば、取締役会設置会社の取締役がその会社に対し無利息、無担保で金員を貸し付ける行為は、特段の事情がない限り取締役会の承認を要しない。

ｄ．判例によれば、取締役会設置会社の取締役が取締役会の承認を受けずに競業取引を行った場合、当該取引は無効であるが、当該取引の相手方が取締役会の承認を受けていないことに善意かつ重大な過失がないときは、会社は、無効であることを当該相手方に対抗することができない。

ア．ａとｂ　イ．ｂとｃ　ウ．ａとｃ　エ．ｂとｄ　オ．ｃとｄ

問題 61. 株式会社と取締役の関係

a　不適切。取締役が忠実義務（355 条）、善管注意義務（民法 644 条、330 条）に違反し、その結果、会社に損害が生じた場合は、会社法 423 条 1 項が適用され、当該取締役は会社に対して損害賠償責任を負うことになる。

b　適　切。会社法 423 条 2 項は、取締役会設置会社の取締役が取締役会の承認を受けずに競業取引によって得た当該取締役の利益の額は、当該株式会社に生じた損害の額と推定すると規定されている。

c　適　切。判例は、取締役会設置会社の取締役がその会社に対し無利息、無担保で金員を貸し付ける行為は、特段の事情がない限り取締役会の承認を要しないとしている（最判昭 38. 12. 6）。

d　不適切。取締役会設置会社の取締役が取締役会の承認を受けずに競業取引を行った場合には、相手方の善意・悪意を問わず有効である。なぜならば、競業避止義務違反は会社と取締役間の問題であって、当該取引とは関係がないからである。

従って、b と c 適切であるため、正解は肢イとなる。

正解　イ

問題 62. 補償契約に関する以下のアからエまでの記述のうち、最も適切ではないものを１つ選びなさい。

ア. 補償契約は、役員等が対会社責任を負担することによる損失を株式会社が補償することを約する契約ではない。

イ. 株式会社が補償契約の内容の決定をするには、取締役会設置会社では取締役会の決議、取締役会設置会社以外の株式会社では株主総会の決議によらなければならない。

ウ. 利益相反取引に関する規制は、株式会社と取締役又は執行役との間の補償契約について、適用される。

エ. 取締役会設置会社においては、補償契約に基づく補償をした取締役及び当該補償を受けた取締役は、遅滞なく、当該補償についての重要な事実を取締役会に報告しなければならない。

問題 62. 補償契約

ア 適 切。補償契約とは、株式会社が役員等に対して、①役員等がその職務の執行に関し、法令の規定に違反したことが疑われ、又は責任の追及に係る請求を受けたことに対処するために支出する費用や、②役員等がその職務の執行に関し、第三者に生じた損害の賠償責任を負うことによる損失（和解によるものも含む。）の全部又は一部を補償することを約する契約をいう（430 条の 2 第 1 項）。本記述のような契約は認められない。なぜなら、このような契約は、実質的に、役員等の責任を事前に減免するに等しく、任務懈怠責任の減免に関する規制の潜脱となりうるからである。

イ 適 切。株式会社が補償契約の内容の決定をするには、取締役会設置会社では取締役会の決議、取締役会設置会社以外の株式会社では株主総会の決議によらなければならない（430 条の 2 第 1 項）。

ウ 不適切。利益相反取引に関する規制は、株式会社と取締役又は執行役との間の補償契約については適用されない（430 条の 2 第 6 項）。

エ 適 切。取締役会設置会社においては、補償契約に基づく補償をした取締役及び当該補償を受けた取締役は、遅滞なく、当該補償についての重要な事実を取締役会に報告しなければならない（430 条の 2 第 4 項）。

正解 ウ

問題63. 募集株式の発行に関する次のａからｅまでの記述のうち、適切なものの組合せを以下のアからオまでのうち１つ選びなさい。

ａ. 公開会社において募集株式の発行を行う場合には、募集株式を引き受ける者に特に有利な金額を払込金額とすることはできない。

ｂ. 公開会社において、募集株式につき株主割当てを行う場合には、募集事項のほか、株主に対し申込みをすることにより当該株式会社の募集株式の割当てを受ける権利を与える旨及び募集株式の引受の申込期日を、株主総会の決議によって定めなければならない。

ｃ. 公開会社においては、原則として、株主総会の特別決議によって募集事項を決定しなければならない。

ｄ. 公開会社において、募集株式の発行が著しく不公正な方法によって行われた場合であっても、判例によれば、当該株式発行の無効原因とはならない。

ｅ. 募集株式の発行に際して株主となる者が株式会社に払込み又は給付をした財産の額のうち、資本金として計上しないこととした額は、資本準備金として計上しなければならない。

ア. ａとｂ　イ. ａとｃ　ウ. ｂとｄ　エ. ｃとｅ　オ. ｄとｅ

問題 63.　募集株式の発行

a　不適切。公開会社においては、募集株式の募集事項の決定は、取締役会決議によってなされるのが原則である（201 条 1 項前段、199 条 2 項）。これに対し、募集株式の払込金額が、募集株式を引き受ける者に特に有利な金額である場合には、募集事項の決定は株主総会の特別決議が必要となるが（201 条 1 項、199 条 3 項・2 項、309 条 2 項 5 号）、有利発行が禁止されているわけではない。

b　不適切。公開会社において、募集株式につき株主割当てを行う場合には、募集事項のほか、株主に対し申込みをすることにより当該株式会社の募集株式の割当てを受ける権利を与える旨及び募集株式の引受の申込期日を、取締役会の決議によって定める（202 条 1 項、同条 3 項 3 号）。

c　不適切。公開会社においては、原則として、取締役会によって募集事項の決定を行う（201 条 1 項、199 条 2 項）。

d　適　切。株式の発行が著しく不公正な方法により行われる場合において、株主が不利益を受けるおそれがあるときは、株主は、株式会社に対し、当該株式の発行をやめることを請求することができるが（210 条 2 号）、判例は、会社法上の公開会社における著しく不公正な方法による株式発行は、株式発行の無効原因にはならないとしている（最判平 6．7．14）。

e　適　切。株式の発行に際して株主となる者が当該株式会社に対して払込み又は給付をした財産の額の 2 分の 1 を超えない額は、資本金として計上しないことができ（445 条 2 項）、この額は、資本準備金として計上しなければならない（同条 3 項）。

従って、d と e が適切であるため、正解は肢オとなる。

正解　オ

問題 64. 募集株式の出資の履行に関する以下のアからオまでの記述のうち、最も適切ではないものを１つ選びなさい。

ア. 募集株式の引受人は、払込期間内に、会社が定めた銀行等の払込みの取扱いの場所において、募集株式の払込金額の全額を払い込まなければならない。

イ. 募集株式の引受人は、払込みをする債務と会社に対する債権とを相殺することができない。

ウ. 募集株式の引受人は、会社が払込期日を定めた場合には、当該払込期日に、出資の履行をした募集株式の株主となる。

エ. 出資の履行をすることにより募集株式の株主となる権利の譲渡は、会社に対抗することができない。

オ. 募集株式の引受人は、出資の履行をしないときは、会社は、期日を定めて、当該引受人に対して、出資の履行をしなければならない旨の通知をしなければならない。

問題 64. 募集株式の出資の履行

ア. 適　切。募集株式の引受人は、払込期間内に、会社が定めた銀行等の払込みの取扱いの場所において、募集株式の払込金額の全額を払い込まなければならない（208 条 1 項）。

イ. 適　切。募集株式の引受人は、払込みをする債務と会社に対する債権とを相殺することができない（208 条 3 項）。

ウ. 適　切。募集株式の引受人は、会社が払込期日を定めた場合には、当該払込期日に、出資の履行をした募集株式の株主となる（209 条 1 項 1 号）。

エ. 適　切。出資の履行をすることにより募集株式の株主となる権利の譲渡は、会社に対抗することができない（208 条 4 項）。

オ. 不適切。募集株式の引受人は、出資の履行をしないときは、当然に募集株式の株主となる権利を失う（208 条 5 項）。

正解　オ

問題 65. 新株予約権の発行に関する以下のアからオまでの記述のうち、最も適切なものを１つ選びなさい。

ア. 会社は、その発行する新株予約権を引き受ける者の募集をしようとするときは、募集事項において、必ず募集新株予約権の払込金額を定めなければならない。

イ. 公開会社の新株予約権の募集事項の決定は、株主総会の決議によらなければならない。

ウ. 公開会社の株主割当の場合は、新株予約権の募集事項の決定は、株主総会の決議によらなければならない。

エ. 募集に応じて募集新株予約権の引受けの申込みをする者は、申込みをする者の氏名又は名称及び住所や引き受けようとする募集新株予約権の数を記載した書面を会社に交付しなければならないが、書面の代わりに電磁的方法により提供することはできない。

オ. 会社は、申込者の中から募集新株予約権の割当てを受ける者を定め、かつ、その者に割り当てる募集新株予約権の数を定めなければならない。

問題 65. 新株予約権の発行

ア．不適切。会社は、その発行する新株予約権を引き受ける者の募集をしようとするときは、無償発行もありうるので（238 条 1 項 2 号）、募集事項において、必ず募集新株予約権の払込金額を定めなければならないわけではない。

イ．不適切。会社法上の公開会社では、新株予約権の募集事項の決定は、取締役会の決議による（240 条 1 項、238 条 2 項）。

ウ．不適切。会社法上の公開会社では、株主割当の場合は、新株予約権の募集事項の決定は、取締役会の決議による（241 条 3 項 3 号）。

エ．不適切。募集に応じて募集新株予約権の引受けの申込みをする者は、申込みをする者の氏名又は名称及び住所や引き受けようとする募集新株予約権の数を記載した書面を会社に交付しなければならないが（242 条 2 項）、会社の承諾を得れば、書面の代わりに電磁的方法により提供することができる（242 条 3 項）。

オ．適　切。会社は、申込者の中から募集新株予約権の割当てを受ける者を定め、かつ、その者に割り当てる募集新株予約権の数を定めなければならない（243 条 1 項）。

正解　オ

問題 66. 新株予約権に関する以下のアからオまでの記述のうち、最も適切ではないものを１つ選びなさい。

ア. 新株予約権を行使した新株予約権者は、払込債務又は給付債務と株式会社に対する債権とを相殺することはできない。

イ. 株式会社は、自己新株予約権を行使することができない。

ウ. 公開会社における新株予約権の募集事項の決定は、原則として、取締役会決議によらなければならない。

エ. 募集新株予約権について払込期日が定められている場合において、新株予約権者が当該払込期日までに募集新株予約権の払込金額の全額の払込みをしないときは、当該募集新株予約権は消滅する。

オ. 新株予約権者は、株式会社の承諾を得ずに、検査役の調査を受けることで、当該募集新株予約権の払込金額の払込みに代えて、現物出資をすることができる。

問題66. 新株予約権

ア 適 切。新株予約券を行使した新株予約権者は、払込債務又は給付債務と株式会社に対する債権とを相殺することはできない（281条3項）。

イ 適 切。株式会社は、自己新株予約権を行使することができない（280条6項）。

ウ 適 切。公開会社における新株予約権の募集事項の決定は、原則として、取締役会決議によらなければならない（240条1項、238条2項、241条3項3号）。

エ 適 切。新株予約権者は、募集新株予約権についての払込期日までに、募集新株予約権の払込全額の払込みをしないときは、当該募集新株予約権を行使することができない（246条3項）。そして、新株予約権者がその有する新株予約権を行使することができなくなったときは、当該新株予約権は消滅する（287条）。

オ 不適切。新株予約権者は、株式会社の承諾を得て、払込みに代えて、払込金額に相当する金銭以外の財産を給付することができる（246条2項）。すなわち、払込みに代えて現物出資をするためには、株式会社の承諾を得る必要がある。

正解 オ

問題 67. 新株発行の無効の訴えに関する以下のアからエまでの記述のうち、最も適切なものを１つ選びなさい。

ア. 判例によれば、新株発行無効の訴えにおいて、出訴期間経過後に新たな無効事由を追加して主張することも許される。

イ. 判例によれば、新株発行の募集事項の公告又は通知を欠くことは、新株発行差止請求をしたとしても差止めの事由がないためにこれが許容されないと認められる場合であるかどうかを問わず、新株発行の無効原因となる。

ウ. 新株発行無効の訴えは、当該新株株式の発行の効力が生じた日から、公開会社においては６か月以内、公開会社でない株式会社においては１年以内に、提起しなければならない。

エ. 新株発行無効の訴えに係る請求を認容する判決が確定した場合であっても、当該株式会社は、当該判決の確定時における当該株式に係る株主に対し、払込みを受けた金額又は給付を受けた財産の給付の時における価額に相当する金銭を支払う必要はない。

問題 67. 新株発行の無効の訴え

ア　不適切。判例は、新株発行無効の訴えにおいて、出訴期間経過後に新たな無効事由を追加して主張することは許されないとしている（828条1項2号、最判平6．7．18）。

イ　不適切。判例は、新株発行の募集事項の公告又は通知を欠くことは、新株発行差止請求をしたとしても差止めの事由がないためにこれが許容されないと認められる場合でない限り、新株発行の無効原因となるとしている（828条1項2号、210条、201条3項・4項、最判平9．1．28）。

ウ　適　切。新株発行無効の訴えは、当該新株の発行の効力が生じた日から、公開会社においては6か月以内、公開会社でない株式会社においては1年以内に、提起しなければならない（828条1項2号）。

エ　不適切。新株発行無効の訴えに係る請求を認容する判決が確定した場合、当該株式会社は、当該判決の確定時における当該株式に係る株主に対し、払込みを受けた金額又は給付を受けた財産の給付の時における価額に相当する金銭を支払わなければならない（840条1項前段）。

正解　ウ

問題 68. 社債に関する次のアからオまでの記述のうち、最も<u>適切な</u>ものを１つ選びなさい。

ア. 取締役会設置会社（監査等委員会設置会社及び指名委員会等設置会社を除く）では、募集社債の総額の決定は、取締役会の権限であり、当該決定を取締役に委任することはできない。

イ. 会社は、社債を発行した日以後遅滞なく、当該社債に係る社債券を発行しなければならない。

ウ. 社債の償還請求権については、これを行使することができる時から５年の消滅時効にかかる。

エ. 会社は、社債を発行した日以後遅滞なく、社債原簿を作成したうえで、社債原簿管理人を置かなければならない。

オ. 募集社債の総額について割当てがされなかった場合は、割当てがされた分に限り募集社債の発行の効力が生じるのであって、社債の募集事項の決定に際して、募集社債全部の発行の効力が生じない旨を定めることはできない。

問題 68. 社債

ア 適 切。取締役会設置会社では、社債を引き受ける者の募集に関する重要な事項として法務省令で定める事項は、取締役会の権限とされ、募集社債の総額（676 条 1 号）の決定を取締役に委任することはできない（362 条 4 項 5 号）。

イ 不適切。会社は、社債を発行する場合、社債券を発行することができる（676 条 6 号参照）が、社債券の発行は義務ではない。なお、社債券を発行する旨の定めがある社債を発行した日以後遅滞なく、当該社債に係る社債券を発行しなければならない（696 条）。

ウ 不適切。社債の償還請求権は、これを行使することができる時から 10 年の消滅時効にかかる（701 条 1 項）。

エ 不適切。会社は、社債を発行した日以後遅滞なく、社債原簿を作成しなければならない（681 条 1 項）が、社債原簿管理人の設置は任意である（683 条）。

オ 不適切。募集社債の総額について割当てがされなかった場合は、割当てがされた分に限り募集社債の発行の効力が生じる（打切発行）のが原則であるが、社債の募集事項の決定に際して、募集社債全部の発行の効力が生じない旨を定めることができる（676 条 11 号）。

正解 ア

問題 69. 社債管理者に関する次のアからエまでの記述のうち、最も適切なものを１つ選びなさい。

ア. 会社は、社債を発行する場合において、各社債の金額が１億円以上であるときは、社債管理者を定めなければならない。

イ. 社債管理者は、社債発行会社及び社債権者集会の同意を得て辞任することができるが、この場合において、他に社債管理者がないときは、当該社債管理者は、あらかじめ、事務を承継する社債管理者を定めなければならない。

ウ. 社債管理者になることができるのは、銀行や信託会社、証券会社などの一定の者に限られる。

エ. 社債管理者は、社債権者のために社債に係る債権の弁済を受ける権限を有するが、社債に係る債権の実現を保全するために必要な一切の裁判上又は裁判外の行為をする権限は有しない。

問題 69. 社債管理者

ア 不適切。会社は、社債を発行する場合には、社債管理者を定め、社債権者のために、弁済の受領、債権の保全その他の社債の管理を行うことを委託しなければならないのが原則であるが、各社債の金額が1億円以上である場合その他社債権者の保護に欠けるおそれがないものとして法務省令で定める場合は、社債管理者を定める必要はない（702条、施行規則169条）。

イ 適　切。社債管理者は、社債発行会社及び社債権者集会の同意を得て辞任することができるが、この場合において、他に社債管理者がないときは、当該社債管理者は、あらかじめ、事務を承継する社債管理者を定めなければならない（711条1項）。

ウ 不適切。社債管理者の資格は法定されており、①銀行、②信託会社、③これらに準ずるものとして法務省令で定める者でなければならないとされている（703条、施行規則170条）が、証券会社は、社債管理者になることはできない（金融商品取引法 36条の4第1項）。

エ 不適切。社債管理者は、社債権者のために社債に係る債権の弁済を受け、又は社債に係る債権の実現を保全するために必要な一切の裁判上又は裁判外の行為をする権限を有する（705条1項）。

正解　イ

問題 70. 社債権者集会に関する次のアからエまでの記述のうち、最も<u>適切でない</u>ものを１つ選びなさい。

ア. 社債権者集会は、会社法に規定する事項及び社債権者の利害に関する事項について決議をすることができる。

イ. 社債権者集会の決議は、裁判所の認可を受けなければ、その効力を生じない。

ウ. 社債発行会社は、その有する自己の社債について、社債権者集会における議決権を有する。

エ. 社債権者集会に出席しない社債権者は、書面によって議決権を行使することができる。

問題 70. 社債権者集会

ア 適 切。社債権者集会は、会社法に規定する事項及び社債権者の利害に関する事項について決議をすることができる（716 条）。

イ 適 切。社債権者集会の決議は、裁判所の認可を受けなければ、その効力を生じない（734 条 1 項）。なお、社債権者集会の決議は、当該種類の社債を有するすべての社債権者に対してその効力を有する（同条 2 項）。

ウ 不適切。社債発行会社は、その有する自己の社債については、社債権者集会において、議決権を有しない（723 条 2 項）。

エ 適 切。社債権者集会に出席しない社債権者は、書面によって議決権を行使することができる（726 条 1 項）。

正解 ウ

問題 71. 株式会社の計算書類等に関する以下のアからオまでの記述のうち、最も適切ではないものを１つ選びなさい。

ア. 会社法上の計算書類とは、貸借対照表、損益計算書、株主資本等変動計算書及び個別注記表のことをいう。

イ. 株式会社は、計算書類を作成した時から 10 年間、当該計算書類及びその附属明細書の保存義務を負う。

ウ. 株式会社は、定時株主総会の終結後遅滞なく、貸借対照表（大会社では貸借対照表及び損益計算書）を公告しなければならず、その公告方法が官報又は日刊新聞紙に掲載する方法としている会社の場合には、その要旨を公告することで足りる。

エ. 会計監査人設置会社においては、各事業年度に係る計算書類及びその附属明細書について、監査役と会計監査人の両方の監査を受けなければならない。

オ. 取締役会設置会社においては、計算書類は取締役会の承認を受けなければならず、取締役会の承認を受けた計算書類は、さらに定時株主総会において承認を受ける必要はない。

問題 71. 株式会社の計算書類等

ア　適　切。会社法上の計算書類とは、貸借対照表、損益計算書、株主資本等変動計算書及び個別注記表のことをいう（435 条 2 項、会社計算規則 59 条）。

イ　適　切。株式会社は、計算書類を作成した時から 10 年間、当該計算書類及びその附属明細書を保存しなければならない（435 条 4 項）。

ウ　適　切。株式会社は、法務省令で定めるところにより、定時株主総会の終結後遅滞なく、貸借対照表（大会社では貸借対照表及び損益計算書）を公告しなければならない（440 条 1 項）。その公告方法が官報又は日刊新聞紙に掲載する方法としている株式会社の場合には、その要旨を公告することで足りる（440 条 2 項、939 条 1 項 1 号・2 号、会社計算規則 137 条以下）。

エ　適　切。会計監査人設置会社においては、各事業年度に係る計算書類及びその附属明細書について、監査役及び会計監査人の監査を受けなければならない（436 条 2 項 1 号）。なお、事業報告及びその附属明細書については、監査役の監査を受けるのみであり、会計監査人の監査を受けることを要しない（436 条 2 項 2 号）。会計監査人には、会計の監査権限しかないからである。

オ　不適切。取締役会設置会社においては、計算書類及び事業報告並びにこれらの附属明細書は、取締役会の承認を受けなければならない（436 条 3 項）が、取締役は、取締役会の承認を受けた計算書類及び事業報告を、定時株主総会の招集通知に際して、法務省令で定めるところにより、株主に対して提供しなければならない（437 条、会社計算規則 133 条）。定時株主総会に提出され、又は提供された計算書類は、定時株主総会の承認を受けなければならない（438 条 2 項）。また、事業報告については、その内容を定時株主総会に報告しなければならない（438 条 3 項）。

正解　オ

問題 72. 計算書類等の作成に関する以下のアからエまでの記述のうち、最も適切ではないものを１つ選びなさい。

ア. 会計監査人を設置していない監査役設置会社において、計算書類及び事業報告並びにこれらの附属明細書は、監査役の監査を受けなければならない。

イ. 取締役会設置会社においては、取締役は、定時株主総会の招集の通知に際して、株主に対し、取締役会の承認を受けた計算書類及び事業報告を提供しなければならない。

ウ. 大会社ではない会社は、定時株主総会の終結後遅滞なく、貸借対照表及び損益計算書を公告しなければならない。

エ. 株式会社は、計算書類等を、一定期間、その本店に備え置かなければならない。

問題 72.　　計算書類等の作成

ア. 適　切。会計監査人を設置していない監査役設置会社において、計算書類及び事業報告並びにこれらの附属明細書は、監査役の監査を受けなければならない（436 条 1 項）。

イ. 適　切。取締役会設置会社においては、取締役は、定時株主総会の招集の通知に際して、株主に対し、取締役会の承認を受けた計算書類及び事業報告を提供しなければならない（437 条、436 条 3 項）。

ウ. 不適切。大会社ではない会社は、定時株主総会の終結後遅滞なく、貸借対照表は公告しなければならないが、損益計算書は必ずしも公告しなければならないわけではない（440 条 1 項）。

エ. 適　切。株式会社は、計算書類等を、一定期間、その本店に備え置かなければならない（442 条 1 項）。

正解　ウ

問題 73. 資本金の額に関する以下のアからエまでの記述のうち、最も適切なものを１つ選びなさい。

ア. 株式会社の資本金の額は、株式の発行に際して株主となる者が当該株式会社に対する払込み又は給付に係る額の３分の２を超えない額は、資本金として計上しないことができる。

イ. 株式の発行に際して株主となる者が当該株式会社に対してした払込み又は給付に係る額のうち、資本金として計上しない額は、資本準備金として計上しなければならない。

ウ. 株式会社は、株主総会の決議によらずに取締役の決定で、資本金の額を減少することができる。

エ. 株式会社が資本金の額を増加する場合には、当該株式会社の債権者は、当該株式会社に対し、資本金の額の増加について異議を述べることができる。

問題 73. 資本金の額

ア. 不適切。株式会社の資本金の額は、株式の発行に際して株主となる者が当該株式会社に対する払込み又は給付に係る額の２分の１を超えない額は、資本金として計上しないことができる（445 条２項）。

イ. 適　切。株式の発行に際して株主となる者が当該株式会社に対してした払込み又は給付に係る額のうち、資本金として計上しない額は、資本準備金として計上しなければならない（445 条３項）。

ウ. 不適切。株式会社は、資本金の額を減少するには、株主総会の決議によらなければならない（447 条１項、309 条２項９号）。

エ. 不適切。株式会社が資本金の額を減少する場合には、当該株式会社の債権者は、当該株式会社に対し、資本金の額の減少について異議を述べることができる（449 条１項）。資本金の額を増加する場合に、債権者が異議を述べることができるのではない。

正解　イ

問題 74. 株式会社の資本金及び準備金に関する以下のアからエまでの記述のうち、最も<u>適切ではない</u>ものを１つ選びなさい。

ア. 株式会社の資本金の額は、原則として設立又は株式の発行に際して株主となる者が当該株式会社に対して払込み又は給付をした財産の額であるが、その額の２分の１を超えない額は、資本金として計上しないことができる。

イ. 資本金の額は、会社の財産が増減しても、それに連動して増減することはない。

ウ. 株式会社が定時株主総会において準備金の額を減少する場合には、準備金の減少額が欠損の額を超えない場合を除き、債権者異議手続を経なければならない。

エ. 資本金の額の減少の手続に違法がある場合、当該資本金の額の減少は当然に無効となる。

問題 74.　資本金及び準備金

ア　適　切。株式会社の資本金の額は、原則として設立又は株式の発行に際して株主となる者が当該株式会社に対して払込み又は給付をした財産の額である（445 条 1 項）が、この払込み又は給付に係る額の 2 分の 1 を超えない額は、資本金として計上しないことができる（同条 2 項）。

イ　適　切。資本金とは、株式会社が法律の規定により一定の場合に純資産の部に計上を義務付けられる金額をいう。そして、原則として、設立又は株式の発行に際して株主となる者が株式会社に対して払込み又は給付した額が、資本金の額となる（445 条 1 項）のであり、資本金の額の減少も一定の手続を履践してなされる（447 条、449 条）。すなわち、資本金の額の増減は、会社の財産の増減に連動して生じるわけではない。

ウ　適　切。株式会社が準備金の額を減少する場合、原則として、債権者異議手続を経る必要がある（449 条 1 項柱書本文）。ただし、準備金の減少額が欠損の額を超えないのであれば、債権者異議手続を経る必要はない（同項柱書ただし書）。

エ　不適切。資本金の額の減少の手続に違法がある場合、当該資本金の額の減少は当然に無効となるのではなく、当該資本金の額の減少の効力が生じた日から 6 か月以内に、資本金の額の減少の無効の訴えによってのみ、無効を主張することができる（828 条 1 項 5 号）。

正解　エ

問題 75. 株式会社における資本金の額の減少に関する次のアからエまでの記述のうち、最も適切なものを１つ選びなさい。

ア. 資本金の額を減少するには、併せて株式の消却又は併合を行わなければならない。

イ. 資本金の額を減少するには、必ず株主総会の決議を経なければならない。

ウ. 株式会社が資本金の額を減少する場合、欠損のてん補を目的とするときでも、債権者に異議を述べる機会を与えなければならない。

エ. 株式会社が自己株式を取得した場合、これによって資本金の額が減少する。

問題 75. 資本金の額の減少

ア 不適切。資本金の額は、発行済株式総数と何ら連動していない。したがって、資本金の額を減少するに際し、株式の消却や併合を行う必要はない。

イ 不適切。資本金の額の減少は、原則として、株主総会の決議によって行う（447 条 1 項）。ただし、「株式の発行と同時」にする場合において、「減少する資本金の額と同額以上の増資をする場合」は、取締役の決定（又は取締役会の決議）ですることができる（同条 3 項）。

ウ 適 切。資本金の額の減少については、いかなる場合であっても、債権者の異議手続を省略することが認められていない（449 条 1 項）。

エ 不適切。資本金の額が減少する場合は法定されており（447 条）、それ以外の場合に、資本金の額が減少することはない（会社計算規則 25 条 2 項）。貸借対照表の「純資産の部」に、①資本金、②資本準備金（及びその他資本剰余金）、③利益準備金（及びその他利益剰余金）、④自己株式が計上される。

正解 ウ

問題 76. 剰余金の配当に関する以下のアからオまでの記述のうち、最も適切ではないものを１つ選びなさい。

ア. 株式会社は、当該株式会社を含めた株主全員に対し、剰余金の配当をすることができる。

イ. 株式会社が剰余金の配当をしようとするときは、その都度、株主総会の決議によらなければならない。

ウ. 取締役会設置会社は、一事業年度の途中において１回に限り取締役会の決議によって剰余金の配当をすることができる旨を定款で定めることができる。

エ. 株式会社の純資産額が 300 万円を下回る場合には、剰余金の配当をすることができない。

オ. 分配可能額を超えて株式会社が剰余金の配当をした場合には、当該行為により金銭等の交付を受けた者は、当該株式会社に対し、業務執行者等と連帯して、交付を受けた金銭等の帳簿価額に相当する金銭を支払う義務を負う。

問題 76.　剰余金の配当

ア．不適切。株式会社は、当該株式会社を除いた株主に対し、剰余金の配当をすることができる（453 条）。会社自身に対して剰余金の配当をすることはできない。

イ．適　切。株式会社が剰余金の配当をしようとするときは、その都度、株主総会の決議によらなければならない（454 条 1 項）。

ウ．適　切。取締役会設置会社は、一事業年度の途中において 1 回に限り取締役会の決議によって剰余金の配当をすることができる旨を定款で定めることができる（454 条 5 項）。

エ．適　切。株式会社の純資産額が 300 万円を下回る場合には、剰余金の配当をすることができない（458 条）。

オ．適　切。分配可能額を超えて株式会社が剰余金の配当をした場合には、当該行為により金銭等の交付を受けた者は、当該株式会社に対し、業務執行者等と連帯して、交付を受けた金銭等の帳簿価額に相当する金銭を支払う義務を負う（462 条 1 項）。

正解　ア

問題 77. 種類株式発行会社ではない株式会社における剰余金の配当に関する以下のアからオまでの記述のうち、最も適切ではないものを１つ選びなさい。

ア. 取締役会設置会社は、一事業年度の途中において１回に限り取締役会の決議によって剰余金の配当をすることができる旨を定款で定めることができる。

イ. 株式会社は、剰余金を配当する場合には、資本金の額の４分の１に達するまで、当該剰余金の配当により減少する剰余金の額に、10 分の１を乗じて得た額を資本準備金又は利益準備金として計上しなければならない。

ウ. 分配可能額の規制に違反する剰余金の配当を行った業務執行者の責任は、剰余金の配当を行った時の分配可能額を限度として、総株主の同意によって免除することができる。

エ. 違法配当に関する職務を行った業務執行者は、当該違法配当による金銭等を交付した業務執行者を除いて、その職務を行うにつき注意を怠らなかったことを証明したときは、交付された金銭等の帳簿価額に相当する金銭を支払う義務を負わない。

オ. 分配可能額を超えて金銭による剰余金の配当が行われた場合、株式会社は、株主に対して、当該株主が善意であるか悪意であるかを問わず、その違法分配額の返還を請求することができる。

問題 77.　剰余金の配当

ア　適　切。取締役会設置会社は、一事業年度の途中において１回に限り取締役会の決議によって剰余金の配当をすることができる旨を定款で定めることができる（454 条５項）。

イ　適　切。株式会社は、剰余金を配当する場合には、資本金の額の４分の１に達するまで、当該剰余金の配当により減少する剰余金の額に、10 分の１を乗じて得た額を資本準備金又は利益準備金として計上しなければならない（445 条４項、会社計算規則 22 条）。

ウ　適　切。分配可能額の規制に違反する剰余金の配当を行った業務執行者（会社計算規則 159 条）の責任は、原則として免除することができない（462 条１項・３項）。ただし、剰余金の配当を行った時の分配可能額を限度として、総株主の同意によって免除することができる（同条３項ただし書）。

エ　不適切。違法配当に関する職務を行った業務執行者は、違法配当による金銭等を交付した取締役を含め、その職務を行うにつき注意を怠らなかったことを証明したときは、交付された金銭等の帳簿価額に相当する金銭を支払う義務を負わない（462 条２項）。

オ　適　切。分配可能額を超えて金銭による剰余金の配当が行われた場合、会社は、株主に対してその違法分配額の返還を請求することができる（462 条１項）。この場合、株主の善意・悪意は問わない。

正解　エ

問題 78. 自己株式に関する以下のアからオまでの記述のうち、最も適切ではないものを１つ選びなさい。

ア. 株式会社は、取得した自己株式を、期間の制限なく保有することができる。

イ. 株式会社は、自己株式に対して募集株式の割当てをすることはできない。

ウ. 株式会社がその保有する自己株式を処分する場合、資本金の額は増加する。

エ. 株式会社は、保有する自己株式を消却することができ、自己株式を消却すると、発行済株式総数が減少するが、発行可能株式総数は減少しない。

オ. 取締役会設置会社は、市場取引等により当該株式会社の株式を取得することを取締役会の決議によって定めることができる旨を定款で定めることができる。

問題 78.　自己株式

ア　適　切。会社法上、自己株式の保有期間に関する制限はなく、株式会社は、取得した自己株式を期間の制限なく保有できる。

イ　適　切。株式会社は、株主に株式の割当てを受ける権利を与えて募集株式の割当てをすることができるが、自己株式に対して募集株式の割当てをすることはできない（202 条 2 項括弧書）。

ウ　不適切。株式会社がその保有する自己株式を処分する場合、募集株式の発行と同様の手続で行われる（199 条以下）。しかし、募集株式の発行の場合と異なり、自己株式の処分によって、資本金の額は増加しない。

エ　適　切。株式会社は、保有する自己株式を消却することができる（178 条 1 項）。株式会社が自己株式を消却すると、発行済株式総数が減少するが、発行可能株式総数は減少しない。

オ　適　切。取締役会設置会社は、市場取引等により当該株式会社の株式を取得することを取締役会の決議によって定めることができる旨を定款で定めることができる（165 条 2 項）。

正解　ウ

問題 79. 自己株式の取得に関する次のａからｅまでの記述のうち、適切でないものの組合せを以下のアからオまでのうち１つ選びなさい。

ａ．会社が株主との合意により自己株式を取得する場合、原則として、取得する株式の種類と数、取引と引換えに交付する金銭等の内容と総額、株式を取得することができる期間を株主総会の普通決議で定めなければならない。

ｂ．会社が自己株式を特定の株主から取得する場合（市場取引等または株主全員に譲渡を勧誘する方法以外の方法で取得する場合）、他の株主は、会社に対し、株主総会の議案を、特定株主として自己も加えたものに変更するよう請求することができる。

ｃ．取締役会設置会社が自己株式を市場において行う取引により取得する場合でも、取得する株式の種類、取引と引換えに交付する金銭等の内容、株式を取得することができる期間を取締役会決議によって定めることができる旨を定款で定めることはできない。

ｄ．自己株式を取得するのと引き換えに交付する金銭等の総額は、当該取得が効力を生ずる日における分配可能額を超えてはならない。

ｅ．会社が法定の手続に違反して自己株式を取得した場合、関与した取締役・執行役・使用人等には、刑事罰が科されることはない。

ア．ａとｄ　イ．ａとｅ　ウ．ｂとｃ　エ．ｂとｄ　オ．ｃとｅ

問題 79.　**自己株式の取得**

a　適　切。会社が株主との合意により自己株式を取得する場合、①原則として、取得する株式の種類・数、②取引と引換えに交付する金銭等の内容・総額、③株式を取得することができる期間を、株主総会の普通決議で定めなければならない（156条1項）。取引と引換えに交付する金銭等については、株式の交付はできない。また、株式を取得することができる期間は、1年を超えることができない。

b　適　切。会社が自己株式を特定の株主から取得する場合（市場取引等または株主全員に譲渡を勧誘する方法以外の方法で取得する場合）、会社からの通知により事前に決議内容を知った他の株主は、会社に対し、株主総会の5日前までに株主総会の議案を、特定株主として自己も加えたものに変更するよう請求することができる（160条3項、施行規則29条）。

c　不適切。取締役会設置会社が、自己株式を市場において行う取引により取得する場合、または、金融商品取引法上の公開買付けの方法で取得する場合、取得する株式の種類・数、取引と引換えに交付する金銭等の内容・総額、株式を取得することができる期間を取締役会決議によって定めることができる旨を定款で定めることはできる（165条2項・3項、156条1項）。

d　適　切。自己株式を取得するのと引き換えに交付する金銭等の総額は、当該取得が効力を生ずる日における分配可能額を超えてはならない（461条1項2号・3号）。会社が自己株式を取得することは、株主に対する剰余金の配当と同じく、財産配分の一形態だからである。

e　不適切。会社が法定の手続に違反して自己株式を取得した場合、関与した取締役・執行役・使用人等には刑事罰が科されることがある（963条5項1号）。

従って、cとeが不適切であるため、正解は肢オとなる。

正解　オ

問題 80. 次の文章は、キャッシュ・アウトについて述べたものである。（　）に入る適切な語句の組合せを、以下のアからオまでのうち１つ選びなさい。

> キャッシュ・アウトとは、ある者（買収者）が、株式会社（対象会社）の発行する株式全部を、当該株式の株主の個別の同意を（　ａ　）、金銭を対価として取得する行為をいう。現行の会社法上、キャッシュ・アウトの方法としては、①対象会社の株主総会の特別決議による承認を得て行う方法と、②それ以外の方法がある。①の方法としては、金銭を対価とする株式交換（略式以外のもの）、株式の併合及び（　ｂ　）の取得があり、②の方法としては、買収者が対象会社の総株主の議決権の（　ｃ　）以上の議決権を有する場合に、対象会社の他の株主全員に対し、その保有株式全部の売渡しを請求するという方法がある。これを特別支配株主の株式等売渡請求という。

ア．ａ．得ることなく　ｂ．全部取得条項付種類株式　ｃ．10 分の９

イ．ａ．得ることなく　ｂ．取得請求権付株式　ｃ．10 分の７

ウ．ａ．得ることなく　ｂ．全部取得条項付種類株式　ｃ．10 分の７

エ．ａ．得て　ｂ．全部取得条項付種類株式　ｃ．10 分の９

オ．ａ．得て　ｂ．取得請求権付株式　ｃ．10 分の７

問題 80.　キャッシュ・アウト

本問は、キャッシュ・アウトについての理解を問うものである。キャッシュ・アウトは、対象会社の事業に継続的に投資することを望む株主の意思に反して、株主を対象会社から退出させるという側面を有するが、キャッシュ・アウトを行うことに経営政策上、合理性が認められる場合も多い。そこで、会社法は、対象会社の株主の利益を保護するための仕組みを整備したうえで、キャッシュ・アウトを許容している。

> キャッシュ・アウトとは、ある者（買収者）が、株式会社（対象会社）の発行する株式全部を、当該株式の株主の個別の同意を（a．得ることなく）、金銭を対価として取得する行為をいう。現行の会社法上、キャッシュ・アウトの方法としては、①対象会社の株主総会の特別決議による承認を得て行う方法と、②それ以外の方法がある。①の方法としては、金銭を対価とする株式交換（略式以外のもの）、株式の併合及び（b．全部取得条項付種類株式）の取得があり、②の方法としては、買収者が対象会社の総株主の議決権の（c．10 分の 9）以上の議決権を有する場合に、対象会社の他の株主全員に対し、その保有株式全部の売渡しを請求するという方法がある。これを特別支配株主の株式等売渡請求という。

以上により、a＝「得ることなく」、b＝「全部取得条項付種類株式」、c＝「10 分の 9」が入る。従って、正解は肢アとなる。

正解　ア

問題 81. 株式会社の吸収合併及び新設合併に関する以下のアからオまでの記述のうち、最も適切ではないものを１つ選びなさい。

ア. 新設合併においては、合併対価として金銭のみを交付することはできないが、吸収合併においては、合併対価として金銭のみを交付することができる。

イ. 株式会社は、他の株式会社との間だけでなく、合名会社、合資会社及び合同会社との間でも、吸収合併及び新設合併をすることができる。

ウ. 吸収合併における存続株式会社及び消滅株式会社は、原則として、効力発生日当日までに、株主総会の特別決議によって、吸収合併契約の承認を受けなければならない。

エ. 新設合併の各当事会社及び新設合併設立株式会社は、新設合併契約等の内容その他法務省令で定める事項を記載し、又は記録した書面又は電磁的記録を、当該書面又は電磁的記録の備置開始日から効力発生日後６か月を経過する日までの間、その本店に備え置かなければならない。

オ. 吸収合併消滅会社は合併契約で定められた効力発生日に、新設合併消滅会社は新設会社の成立の日に、それぞれ解散し、清算手続を経ることなく消滅する。

問題 81.　**吸収合併及び新設合併**

ア　適　切。新設合併では、合併対価として金銭のみを交付することはできない（753 条 1 項 6 号・8 号）。これに対し、吸収合併では、合併対価として金銭のみを交付することができる（749 条 1 項 2 号ホ）。

イ　適　切。株式会社は、他の株式会社との間だけでなく、持分会社（合名会社、合資会社及び合同会社）との間でも吸収合併及び新設合併をすることができる（748 条、751 条、755 条）。

ウ　不適切。吸収合併における存続株式会社及び消滅株式会社は、原則として、効力発生日の前日までに、株主総会の特別決議によって、吸収合併契約の承認を受けなければならない（783 条 1 項、795 条 1 項、309 条 2 項 12 号）。

エ　適　切。新設合併の各当事会社及び新設会社は、新設合併契約等の内容その他法務省令で定める事項を記載し、又は記録した書面又は電磁的記録を、当該書面又は電磁的記録の備置開始日から効力発生日後 6 か月を経過する日までの間、その本店に備え置かなければならない（803 条 1 項 1 号、815 条 3 項 1 号）。

オ　適　切。吸収合併消滅会社は合併契約で定められた効力発生日に、新設合併消滅会社は新設会社の成立の日に、それぞれ解散し、清算手続を経ることなく消滅する（475 条 1 号括弧書前段参照）。

正解　ウ

問題 82. 株式会社の吸収分割及び新設分割に関する以下のアからエまでの記述のうち、最も<u>適切な</u>ものを１つ選びなさい。

ア．吸収分割における吸収分割株式会社は、その事業に関して有する権利義務の全部を吸収分割承継株式会社に承継させた場合、吸収分割によって解散する。

イ．吸収分割及び新設分割のいずれにおいても、分割会社となることができるのは、株式会社に限られる。

ウ．株式会社の新設分割における設立会社は、創立総会を招集する必要はない。

エ．株式会社の新設分割における分割会社は、原則として、株主総会の普通決議によって、新設分割計画の承認を受けなければならない。

問題 82.　吸収分割及び新設分割

ア　不適切。吸収分割とは、株式会社又は合同会社が事業に関して有する権利義務の全部又は一部を分割後既存の他の会社に承継させることをいい（２条 29 号）、合併の場合と異なり、分割会社は分割後も存続し、分割によって解散はしない（471 条参照）。

イ　不適切。吸収分割及び新設分割のいずれにおいても、分割会社となることができるのは、株式会社又は合同会社である（757 条、762 条）。

ウ　適　切。新設分割における設立株式会社の設立については、創立総会の規定（65 条以下）の適用が排除されている（814 条１項）。

エ　不適切。株式会社の新設分割において、分割会社は、原則として、株主総会の特別決議によって、新設分割計画（762 条）の承認を受けなければならない（804 条１項、805 条、309 条２項 12 号）。

正解　ウ

問題 83. 株式交換及び株式移転に関する以下のアからエまでの記述のうち、最も適切なものを１つ選びなさい。

ア. 株式会社がその発行済株式の全部を他の合同会社に取得させることとなる株式交換を行うことはできない。

イ. 株式交換完全子会社となる会社の債権者は、原則として、株式交換について異議を述べることができない。

ウ. 株式移転は、株式移転契約で定めた効力発生日に効力が発生する。

エ. 株式移転が行われる場合、原則として、債権者異議手続を経なければならない。

問題 83.　**株式交換及び株式移転**

ア　不適切。株式交換とは、株式会社がその発行済株式の全部を他の株式会社又は合同会社に取得させることをいう（2条31号）。よって、株式会社がその発行済株式の全部を他の合同会社に取得させることとなる株式交換を行うこともできる。

イ　適　切。株式交換において債権者が異議を述べることができるのは、①株式交換の対価として株式交換完全親会社の株式（これに準じるものとして会社法施行規則198条が定めるものを含む）以外のものが交付される場合における、株式交換完全親会社の債権者（799条1項3号）、②株式交換契約の定めによって、株式交換完全子会社が発行している新株予約権付社債を株式交換完全親会社が承継する場合における株式交換完全親会社の債権者（768条1項4号ハ）、③②の場合における当該新株予約権付社債の社債権者（789条1項3号）に限られる。株式交換完全子会社となる会社の債権者は、株式交換について異議を述べることができない。

ウ　不適切。株式移転は、新設会社の成立の日（設立登記の日）に効力が発生する（925条、49条、774条1項）。

エ　不適切。株式交換及び株式移転では、消滅する会社は存在しない。株主が変動するだけであり、会社財産の変動も生じない。したがって、会社債権者に害を及ぼすものではないため、会社法は、原則として、会社債権者異議手続を要求していない。（789条1項3号、810条1項3号、799条1項3号）。

正解　イ

問題 84. 株式交付に関する以下のアからエまでの記述のうち、最も適切ではないものを１つ選びなさい。

ア. 株式交付とは、ある株式会社（株式交付親会社）が他の株式会社（株式交付子会社）をその子会社とするために当該株式交付子会社の株式を譲り受け、その対価として当該株式の譲渡人に当該株式交付親会社の株式を交付することをいう。

イ. 株式交付において、株式の譲渡に合意をしなかった株式交付子会社株主が保有する株式が、株式交付親会社によって取得されることはない。

ウ. 株式交付親会社が、株式交付子会社に株式交付をする場合には、株式交付計画を作成する必要があるが、株式交付計画は、原則として、株式交付親会社及び株式交付子会社の株主総会の特別決議による承認を受けなければならない。

エ. 株式交付の効力は、株式交付計画で定めた効力発生日に生じ、株式交付親会社は、給付を受けた株式交付子会社の株式を取得する。

問題 84.　株式交付

ア　適　切。株式交付とは、ある株式会社（株式交付親会社）が他の株式会社（株式交付子会社）をその子会社とするために当該株式交付子会社の株式を譲り受け、その対価として当該株式の譲渡人に当該株式交付親会社の株式を交付することをいう（2条 32 号の 2）。

イ　適　切。株式交付においては、株式の譲渡に合意をしなかった株式交付子会社株主が保有する株式は、株式交付親会社によって取得されることはない。

ウ　不適切。株式交付親会社が、株式交付子会社に株式交付をする場合には、株式交付計画を作成する必要があり（774 条の 2）、株式交付計画は、原則として、株式交付親会社の株主総会の特別決議による承認を受けなければならない（816 条の 3 、309 条 2 項 12 号）が、株式交付子会社の株主総会の承認は不要である。株式交付においては、株式交付子会社の個々の株主と、株式交付親会社との間で株式の譲渡の合意が行われるため、株式交付子会社は株式交付の当事会社ではなく、株主総会の承認その他の組織再編の手続はとられない。

エ　適　切。株式交付の効力は、株式交付計画で定めた効力発生日に生じ（774 条の 3 第 1 項 11 号）、株式交付親会社は、給付を受けた株式交付子会社の株式を取得する（774 条の 11 第 1 項）。

正解　ウ

問題 85. 事業譲渡に関する以下のアからエまでの記述のうち、最も適切なものを１つ選びなさい。

ア. 事業の譲渡の対価は、金銭に限られ、譲渡の相手方の発行する株式を対価とすることはできない。

イ. 判例によれば、株式会社が株主総会の承認を受けずに事業の全部又は重要な一部を譲渡した場合、当該譲渡は無効であるが、事業の譲渡の相手方が悪意であるときは、当該相手方は無効を主張することは許されない。

ウ. 株式会社の成立後２年以内に、その成立前から存在する財産であって、その事業のために継続して使用するものを取得する場合には、事業の譲受けに該当しないときであっても、原則として、株主総会の特別決議が必要である。

エ. 株式会社が事業の全部を譲渡する場合において、株主総会によって当該譲渡の承認決議と同時に当該株式会社の解散を決議したときは、当該譲渡会社の反対株主は、株式買取請求権を行使することができる。

問題 85. 事業譲渡

ア 不適切。事業の譲渡の対価は、通常は金銭であるが、金銭に限られず、譲渡の相手方の発行する株式や持分でもよい。

イ 不適切。判例は、「営業譲渡が譲渡会社の株主総会による承認の手続をしないことによって無効である場合、譲渡会社、譲渡会社の株主・債権者等の会社の利害関係人のほか、譲受会社もまた右の無効を主張することができるものと解するのが相当である」とし、当該譲渡は何人との関係でも、相手方の善意・悪意を問わず、当然に無効であり、無効を主張することができる者にも特に制限がないと解している（最判昭 61．9．11　三条機械製作所事件）。

ウ 適　切。株式会社の成立後２年以内における、その成立前から存在する財産であってその事業のために継続して使用するものを取得する場合（事後設立という。）には、事業の譲受けに該当しなくても、原則として株主総会の特別決議が必要である（467 条１項５号本文、309 条２項 11 号）。

エ 不適切。株式会社が事業譲渡をする場合、原則として反対株主は株式買取請求権を有する（469 条、470 条）が、事業の全部を譲渡する場合において、株主総会によって当該譲渡の承認決議と同時に当該株式会社の解散を決議したときは、当該譲渡会社の反対株主は、株式買取請求権を有しない（469 条１項１号）。株式会社が解散・清算すれば、当該株式会社の株主は残余財産の分配によって金銭の交付を受けられるからである。

正解　ウ

問題86. 敵対的買収とその防衛策に関する以下の判例を読んで、アからエまでの選択肢のうち、最も<u>適切な</u>ものを１つ選びなさい。

特定の株主による経営支配権の取得に伴い、会社の存立、発展が阻害されるおそれが生ずるなど、会社の企業価値がき損され、会社の利益ひいては株主の共同の利益が害されることになるような場合には、その防止のために当該株主を差別的に取り扱ったとしても、当該取扱いが衡平の理念に反し、相当性を欠くものでない限り、これを直ちに（　a　）の趣旨に反するものということはできない。そして、特定の株主による経営支配権の取得に伴い、会社の企業価値がき損され、会社の利益ひいては株主の共同の利益が害されることになるか否かについては、最終的には、（　b　）自身により判断されるべきものであるところ、株主総会の手続が適正を欠くものであったとか、判断の前提とされた事実が実際には存在しなかったり、虚偽であったなど、判断の正当性を失わせるような重大な瑕疵が存在しない限り、当該判断が尊重されるべきである。

最判平19．８．７　ブルドックソース事件

ア．ａ．経営判断の原則　　ｂ．会社の経営責任主体である取締役

イ．ａ．株主平等の原則　　ｂ．会社の経営責任主体である取締役

ウ．ａ．株主平等の原則　　ｂ．会社の利益の帰属主体である株主

エ．ａ．経営判断の原則　　ｂ．会社の利益の帰属主体である株主

問題 86.　敵対的買収とその防衛策

本問は、敵対的買収と防衛策についての理解を問うものである。敵対的買収とは、対象会社の経営陣の賛同を得ていない買収をいう。ブルドックソース事件においては、敵対的買収への対抗措置として対象会社が行う差別的新株予約権無償割当てが、①対象会社の企業価値の毀損ひいては株主の共同の利益が害されることを防止するためのものであり、かつ、②相当性を欠くものでなければ、株主平等の原則（109 条 1 項）の趣旨に反せず、適法であるとした。

> 特定の株主による経営支配権の取得に伴い、会社の存立、発展が阻害されるおそれが生ずるなど、会社の企業価値がき損され、会社の利益ひいては株主の共同の利益が害されることになるような場合には、その防止のために当該株主を差別的に取り扱ったとしても、当該取扱いが衡平の理念に反し、相当性を欠くものでない限り、これを直ちに（a．**株主平等の原則**）の趣旨に反するものということはできない。そして、特定の株主による経営支配権の取得に伴い、会社の企業価値がき損され、会社の利益ひいては株主の共同の利益が害されることになるか否かについては、最終的には、（b．**会社の利益の帰属主体である株主**）自身により判断されるべきものであるところ、株主総会の手続が適正を欠くものであったとか、判断の前提とされた事実が実際には存在しなかったり、虚偽であったなど、判断の正当性を失わせるような重大な瑕疵が存在しない限り、当該判断が尊重されるべきである。

最判平 19．8．7　ブルドックソース事件

以上により、a＝「株主平等の原則」、b＝「会社の利益の帰属主体である株主」が入る。従って、正解は肢ウとなる。

正解　ウ

問題 87. 種類株式に関する以下のアからエまでの記述のうち、最も適切ではないものを１つ選びなさい。

ア. 公開会社は、ある種類の株式の種類株主を構成員とする種類株主総会において取締役を選任することを内容とする種類株式を発行することができる。

イ. 株式会社は、剰余金の配当を受ける権利及び残余財産の分配を受ける権利について内容の異なる種類の株式を発行することができるが、これらの権利の全部を与えない旨の定款の定めは、効力を有しない。

ウ. 公開会社は、議決権制限株式の数が発行済株式総数の２分の１を超えた場合には、直ちに、議決権制限株式の数を発行済株式総数の２分の１以下にするための必要な措置をとらなければならない。

エ. ある種類の株式の内容として全部取得条項付種類株式に関する事項についての定めを設ける定款の変更をする場合、反対株主は、株式会社に対し、自己の有する株式を公正な価格で買い取ることを請求することができる。

問題 87. 種類株式

ア　不適切。公開会社は、ある種類の株式の種類株主を構成員とする種類株主総会において取締役又は監査役を選任することを内容とする種類株式を発行することができない（108 条 1 項ただし書、同項 9 号）。

イ　適　切。株式会社は、剰余金の配当、残余財産の分配を受ける権利について内容の異なる種類の株式を発行することができる（108 条 1 項 1 号・2 号）が、剰余金の配当を受ける権利と残余財産の分配を受ける権利については、その権利の全部を与えない旨の定款の定めは効力を有しない（105 条 2 項）。

ウ　適　切。公開会社は、議決権制限株式（株主総会において議決権を行使することができる事項について制限のある種類の株式）の数が発行済株式総数の 2 分の 1 を超えた場合には、直ちに、議決権制限株式の数を発行済株式総数の 2 分の 1 以下にするための必要な措置をとらなければならない（115 条）。

エ　適　切。ある種類の株式の内容として譲渡制限付種類株式や全部取得条項付種類株式に関する事項についての定めを設ける定款の変更をする場合、反対株主は、株式会社に対し、自己の有する株式を公正な価格で買い取ることを請求することができる（116 条 1 項 2 号）。

正解　ア

問題 88. 種類株主総会において普通決議で足りる事項について、以下のアからエまでの記述のうち、最も適切なものを１つ選びなさい。

ア. 種類株式発行会社において、募集株式の種類が譲渡制限株式であるときの当該種類の株式に関する募集事項の決定の際に必要とされる種類株主総会

イ. 取締役選任権付種類株式の場合の当該種類株主総会における取締役の選任

ウ. 種類株式発行会社がある種類の株式の内容として全部取得条項付種類株式に関する事項についての定款の定めを設ける場合に必要とされる種類株主総会

エ. 種類株式発行会社が一定の行為をする場合において、ある種類の株式の種類株主に損害を及ぼすおそれがあるときに必要とされる当該種類の株式の種類株主を構成員とする種類株主総会

問題 88. 種類株主総会

ア. 不適切。種類株式発行会社において、募集株式の種類が譲渡制限株式であるときの当該種類の株式に関する募集事項の決定は種類株主総会の特別決議を要する（324 条２項２号、199 条４項）。

イ. 適　切。取締役選任権付種類株式の場合の種類株主総会における取締役の選任は種類株主総会の普通決議で足りる（324 条１項）。

ウ. 不適切。種類株式発行会社がある種類の株式の内容として全部取得条項付種類株式に関する事項についての定款の定めを設ける場合は種類株主総会の特別決議を要する（324 条２項１号、111 条２項）。

エ. 不適切。種類株式発行会社が一定の行為をする場合において、ある種類の株式の種類株主に損害を及ぼすおそれがあるときに必要とされる当該種類の株式の種類株主を構成員とする種類株主総会には、特別決議を要する（324 条２項４号、322 条１項）。

正解　イ

問題 89. 株式会社の解散に関する以下のアからエまでの記述のうち、最も適切なものを１つ選びなさい。

ア. 事業の全部を譲渡した場合、会社は当然に解散となる。

イ. 会社が正当な理由がないのにその成立の日から２年以内にその事業を開始しないなどの場合において、公益を確保するため会社の存立を許すことができないと認めるとき、裁判所は、法務大臣又は利害関係人の申立てにより、当該会社の解散を命ずることができる。

ウ. 休眠会社（株式会社であって、当該株式会社に関する登記が最後にあった日から 12 年を経過したものをいう）は、法務大臣が休眠会社に対し２か月以内に法務省令で定めるところによりその本店の所在地を管轄する登記所に事業を廃止していない旨の届出をすべき旨を官報に公告した場合において、その届出をしないときは、原則として、その２か月の期間の満了の時に、解散したものとみなされる。

エ. 株式会社が破産手続開始の決定を受けた場合であっても、当該株式会社は解散しない。

問題 89. 株式会社の解散

ア 不適切。事業の全部を譲渡した場合、会社は当然には解散せず、解散するためには株主総会の特別決議が必要である（471 条 3 号、309 条 2 項 11 号）。

イ 不適切。会社が正当な理由がないのにその成立の日から 1 年以内にその事業を開始しないなどの場合において、公益を確保するため会社の存立を許すことができないと認めるとき、裁判所は、法務大臣または利害関係人の申立てにより、当該会社の解散を命ずることができる（824 条 1 項 2 号）。

ウ 適　切。休眠会社（株式会社であって、当該株式会社に関する登記が最後にあった日から 12 年を経過したものをいう）は、法務大臣が休眠会社に対し 2 か月以内に法務省令で定めるところによりその本店の所在地を管轄する登記所に事業を廃止していない旨の届出をすべき旨を官報に公告した場合において、その届出をしないときは、原則として、その 2 か月の期間の満了の時に、解散したものとみなされる（472 条 1 項）。

エ 不適切。破産手続開始の決定を受けた場合には、株式会社は解散する（471 条 5 号）。

正解　ウ

問題 90. 株式会社の清算に関する以下のアからエまでの記述のうち、最も<u>適切ではない</u>ものを１つ選びなさい。

ア. 清算株式会社においては、原則として、解散時の取締役がそのまま清算人になるが、定款の定めによって他の者を清算人に選任することもできる。

イ. 清算株式会社は、各株主の有する株式の内容及び数に応じて残余財産を分配するほか、自己株式を有償で取得する方法によって残余財産の分配を行うこともできる。

ウ. 清算株式会社には、会計参与や会計監査人を置くことができない。

エ. 裁判所によって選任された清算人を除いて、清算人は、いつでも、株主総会の決議によって解任することができる。

問題 90.　　株式会社の清算

ア　適　切。清算株式会社においては、解散時の取締役がそのまま清算人になるのが原則であるが（478 条 1 項 1 号)、定款で定める者や、株主総会の決議によって選任された者を清算人に選任することもできる（478 条 1 項 2 号・３号)。

イ　不適切。清算株式会社は、各株主の有する株式の内容及び数に応じて残余財産を分配する（504 条 2 項・3 項)。しかし、剰余金の配当を行うことや自己株式を有償で取得する方法（155 条）により残余財産の分配を行うことはできない（509 条 1 項 1 号)。

ウ　適　切。清算株式会社は、定款の定めによって監査役を置くことができる（477 条 2 項）が、会計参与や会計監査人を置くことはできない（477 条 7 項による 326 条 2 項を含む第 4 章第 2 節の適用の排除)。

エ　適　切。裁判所によって選任された清算人を除いて、清算人は、いつでも、株主総会の決議によって解任することができる（479 条 1 項)。

正解　イ

問題 91. 清算人に関する以下のアからエまでの記述のうち、最も適切ではないものを１つ選びなさい。

ア. 清算人は２人以上置くことができる。

イ. 定款で清算人を定めていない場合や株主総会決議によって選任された清算人がいない場合は、取締役が清算人になる。

ウ. やむを得ない事由によるのでなければ、清算人を解任することができない。

エ. 清算人の職務の１つとして債権の取立てが挙げられる。

問題 91. 清算人

ア 適 切。清算人は２人以上置くことができる（477 条１項参照）。

イ 適 切。定款で清算人を定めていない場合や株主総会決議によって選任された清算人がいない場合は、取締役が清算人になる（478 条１項１号）。

ウ 不適切。清算人は、いつでも、株主総会の決議によって、解任することができる（479 条１項）。

エ 適 切。清算人の職務の１つとして債権の取立てが挙げられる（481 条２号）。

正解 ウ

問題92. 合同会社に関する以下のアからオまでの記述のうち、最も<u>適切ではない</u>ものを１つ選びなさい。

ア．合同会社は、有限責任社員のみから構成される。

イ．合同会社においては、労務を社員の出資の目的にすることはできない。

ウ．合同会社は、社員が１人となった場合であっても当然には解散しない。

エ．合同会社の社員は、定款に定められたその出資の価額を減少しなければ、合同会社に対して、出資の払戻しを請求することができない。

オ．合同会社は、出資の払戻し又は持分の払戻しのために、その資本金の額を減少することはできない。

問題92.　合同会社

ア　適　切。合同会社は、有限責任社員のみから構成される（576条４項）。

イ　適　切。有限責任社員は、労務を出資の目的にすることはできない（576条１項６号括弧書）から、有限責任社員のみから構成される合同会社においては、労務を社員の出資の目的にすることはできない。

ウ　適　切。合同会社においては、社員が１人となったことは解散事由ではない（641条参照）。

エ　適　切。合同会社の社員は、原則、総社員の全員の同意を得て、定款に定められたその出資の価額を減少しなければ、合同会社に対して、出資の払戻しを請求することができない（632条１項）。

オ　不適切。合同会社は、出資の払戻し又は持分の払戻しのために、その資本金の額を減少することができる（626条）。

正解　オ

問題 93. 合名会社及び合資会社に関する以下のアからオまでの記述のうち、最も適切ではないものを１つ選びなさい。

ア. 合名会社は、その社員の一部を有限責任社員とする定款の変更をして、合資会社となることができる。

イ. 合名会社の社員になろうとする者は、労務や信用を出資の目的とすることができる。

ウ. 合資会社において、有限責任社員が退社したことにより、当該合資会社の社員が無限責任社員のみとなった場合には、当該合資会社は、解散したものとみなされる。

エ. 合資会社の定款には、全ての社員の氏名又は名称を記載し、又は記録しなければならない。

オ. 合資会社の有限責任社員は、その出資の価額を限度として、当該会社の債務を弁済する責任を負う。

問題 93. 合名会社及び合資会社

ア 適 切。合名会社は、その社員の一部を有限責任社員とする定款の変更をすることにより、合資会社となることができる（638 条 1 項 2 号）。

イ 適 切。合名会社の社員はすべて無限責任社員であり（576 条 2 項）、無限責任社員については出資の目的は制限されておらず（576 条 1 項 6 号参照）、金銭等のほか、労務や信用を出資の目的とすることもできる。

ウ 不適切。合資会社の有限責任社員が退社したことにより、当該合資会社の社員が無限責任社員のみとなった場合には、当該合資会社は、合名会社となる定款の変更をしたものとみなされる（639 条 1 項）。

エ 適 切。持分会社の定款には、社員の氏名または名称および住所を記載し、又は記録しなければならない（576 条 1 項 4 号）。

オ 適 切。合資会社の有限責任社員は、その出資の価額（既に当該会社に対し履行した出資の価額を除く）を限度として、当該会社の債務を弁済する責任を負う（580 条 2 項）。

正解 ウ

問題 94. 持分会社の社員に関する以下のアからエまでの記述のうち、最も適切ではないものを１つ選びなさい。

ア. 社員の持分を差し押さえた債権者は、事業年度の終了時において当該社員を退社させることができる。

イ. 業務を執行しない有限責任社員は、業務を執行する社員の過半数の承諾があれば、その持分の全部又は一部を他人に譲渡することができる。

ウ. 退社した社員は、その出資の種類を問わず、その持分の払戻しを受けることができる。

エ. 持分会社の存続期間を定款で定めなかったときは、別段の定めがある場合を除き、各社員は、６か月前までに退社の予告をして、事業年度の終了時に退社することができる。

問題 94. 持分会社の社員

ア 適　切。社員の持分を差し押さえた債権者は、事業年度の終了時において当該社員を退社させることができる（609 条 1 項）。

イ 不適切。業務を執行しない有限責任社員は、業務を執行する社員の全員の承諾があれば、その持分の全部又は一部を他人に譲渡することができる（585 条 2 項）。

ウ 適　切。退社した社員は、その出資の種類を問わず、その持分の払戻しを受けることができる（611 条 1 項）。

エ 適　切。持分会社の存続期間を定款で定めなかった場合には、各社員は、事業年度の終了の時において退社をすることができるが、この場合、各社員は、６か月前までに持分会社に退社の予告をしなければならない（606 条 1 項）。

正解　イ

問題 95. 持分会社の社員の加入及び退社に関する以下のアからオまでの記述のうち、最も適切なものを１つ選びなさい。

ア．合同会社の社員の加入は、当該社員が出資に係る払い込みを履行していないときでも、当該社員に係る定款の変更をした時に、合同会社の社員となる。

イ．退社した社員は、金銭により出資した場合に限り、その持分の払戻しを受けることができる。

ウ．持分会社の社員が死亡した場合、当該社員の持分は相続人に承継させることはできない。

エ．社員は、総社員の同意があれば、退社することができる。

オ．退社した社員は、退社の予告をする前に生じた持分会社の債務について、従前の責任の範囲内でこれを弁済する責任を負う。

問題 95. 持分会社の社員の加入及び退社

ア 不適切。合同会社の社員の加入の場合、当該社員に係る定款の変更をした時に、当該社員が出資に係る払い込みを履行していないときには、その者が払込みを完了した時に、合同会社の社員となる（604 条 3 項）。

イ 不適切。退社した社員は、その出資の種類を問わず、その持分の払戻しを受けることができる（611 条 1 項）。

ウ 不適切。持分会社の社員が死亡した場合、定款に定めがあれば、当該社員の持分は相続人に承継させることができる（608 条 1 項）。

エ 適 切。社員は、総社員の同意があれば、退社することができる（607 条 1 項 2 号）。

オ 不適切。退社した社員は、その登記をする前に生じた持分会社の債務について、従前の責任の範囲内でこれを弁済する責任を負う（612 条 1 項）。

正解 エ

問題 96. 持分会社の計算等に関する以下のアからエまでの記述のうち、最も<u>適切ではない</u>ものを１つ選びなさい。

ア. 持分会社は、法務省令で定めるところにより、適時に、正確な会計帳簿を作成しなければならない。

イ. 持分会社の社員は、当該持分会社の営業時間内は、いつでも、計算書類の閲覧又は謄写の請求をすることができる。

ウ. 持分会社の債権者は、当該持分会社の営業時間内であっても、計算書類の閲覧又は謄写の請求をすることができない。

エ. 持分会社は、計算書類を作成した時から 10 年間、これを保存しなければならない。

問題 96. 持分会社の計算等

ア 適 切。持分会社は、法務省令で定めるところにより、適時に、正確な会計帳簿を作成しなければならない（615 条 1 項）。

イ 適 切。持分会社の社員は、当該持分会社の営業時間内は、いつでも、計算書類の閲覧又は謄写の請求をすることができる（618 条 1 項）。

ウ 不適切。合同会社の債権者は、当該合同会社の営業時間内であれば、計算書類（作成した日から５年以内のものに限る。）の閲覧又は謄写の請求をすることができる（625 条）。

エ 適 切。持分会社は、計算書類を作成した時から 10 年間、これを保存しなければならない（617 条 4 項）。

正解 ウ

問題 97. 持分会社の清算に関する以下のアからオまでの記述のうち、最も適切ではないものを１つ選びなさい。

ア. 清算人が２人以上ある場合には、清算持分会社の業務は、原則、清算人の過半数をもって決定する。

イ. 清算人がその職務を行うについて悪意又は重大な過失があったときは、当該清算人は、連帯して、これによって第三者に生じた損害を賠償する責任を負う。

ウ. 合同会社を含む持分会社は、総社員の同意によって、当該持分会社が解散した場合における当該持分会社の財産の処分の方法を定めることができる。

エ. 残余財産の分配の割合について定款の定めがないときは、その割合は、各社員の出資の価額に応じて定める。

オ. 清算持分会社は、清算事務が終了したときは、遅滞なく、清算に係る計算をして、社員の承認を受けなければならない。

問題 97.　**持分会社の清算**

ア　適　切。清算人が２人以上ある場合には、清算持分会社の業務は、定款に別段の定めがある場合を除き、清算人の過半数をもって決定する（650 条２項)。

イ　適　切。清算人がその職務を行うについて悪意又は重大な過失があったときは、当該清算人は、連帯して、これによって第三者に生じた損害を賠償する責任を負う（653 条)。

ウ　不適切。持分会社は、総社員の同意によって、当該持分会社が解散した場合における当該持分会社の財産の処分の方法を定めることができるが（任意清算)、合同会社はこれをすることはできない（668 条１項)。

エ　適　切。残余財産の分配の割合について定款の定めがないときは、その割合は、各社員の出資の価額に応じて定める（666 条)。

オ　適　切。清算持分会社は、清算事務が終了したときは、遅滞なく、清算に係る計算をして、社員の承認を受けなければならない(667 条１項)。

正解　ウ

問題 98. 株式会社の設立の無効に関する以下のアからエまでの記述のうち、最も適切なものを１つ選びなさい。

ア．会社の設立の無効は、訴えをもってのみ主張することができるが、この無効の訴えは誰でも提起することができる。

イ．会社の設立の無効の訴えは、会社の成立の日から２年以内に限り、提起することができる。

ウ．会社の設立の無効の訴えが提起できるのは、会社法に規定された無効原因事由がある場合に限定されている。

エ．会社の設立を無効とする判決が確定した場合、当該判決の効力は会社の成立時にさかのぼって生じることとなる。

問題 98.　会社の設立の無効

ア　不適切。会社法 828 条１項柱書及び１号において、「会社の設立」の無効は、「訴えをもってのみ主張することができる」と規定されているが、同条２項において、訴えを提起できるのは「設立する株式会社の株主等」に限定されている。無効の主張を制限し、法律関係の早期安定を図る趣旨である。

イ　適　切。会社の設立の無効の訴えは、会社の成立の日から２年以内に限り、提起することができる（828 条１項１号）。法律関係の早期安定を図る趣旨である。

ウ　不適切。会社の設立無効の原因となる事由は、設立手続の重大な瑕疵に限ると解するのが通説であるが、会社法で無効原因事由は規定されていない。通説は、定款の絶対的記載事項の定めに重大な瑕疵がある場合、設立時発行株式を一株も引き受けていない発起人がいる場合、公証人による定款の承認がない等が、無効原因となると解している。

エ　不適切。会社の設立を無効とする判決が確定した場合、当該判決は将来に向かって効力を生じる（839 条）。会社の成立時にさかのぼって効力を生じるのではない。

正解　イ

問題 99. 株主総会決議に瑕疵がある場合に関する以下のアからオまでの記述のうち、最も適切ではないものを１つ選びなさい。

ア. 株主総会の決議の内容が定款に違反するときは、株主は、株主総会決議取消しの訴えを提起することができる。

イ. 株主総会決議取消しの訴えの提起があった場合において、株主総会の招集の手続又は決議の方法が法令又は定款に違反するときであっても、裁判所は、その違反する事実が重大でなく、かつ、決議に影響を及ぼさないものであると認めるときは、請求を棄却することができる。

ウ. 判例によれば、株主は、自己に対する株主総会の招集手続に瑕疵がない場合であっても、他の株主に対する招集手続に瑕疵がある状態で株主総会の決議がなされたことを理由として、株主総会決議取消しの訴えを提起することができる。

エ. 取締役会設置会社の株主総会において、招集通知に記載がない議題について決議がされた場合には、株主は、株主総会決議取消しの訴えを提起することができる。

オ. 判例によれば、募集株式発行に関する株主総会の決議の内容が法令に違反する場合には、すでに募集株式が発行された後であっても、株主は、当該募集株式発行に関する株主総会決議の無効確認の訴えを提起することができる。

問題 99.　株主総会決議の瑕疵

ア　適　切。株主は、株主総会の決議の内容が定款に違反するときは、株主総会決議取消しの訴えを提起することができる。(831 条 1 項 2 号)。

イ　適　切。株主は、株主総会の招集の手続又は決議の方法が法令若しくは定款に違反するときは、株主総会決議取消しの訴えを提起することができる (831 条 1 項 1 号)。ただし、裁判所は、その違反する事実が重大でなく、かつ、決議に影響を及ぼさないものであると認めるときは、請求を棄却することができる (831 条 2 項)。

ウ　適　切。判例によれば、株主は、自己に対する株主総会の招集手続に瑕疵がない場合であっても、他の株主に対する招集手続に瑕疵がある状態で株主総会の決議がなされたことを理由として、株主総会決議取消しの訴えを提起することができる (最判昭 42. 9 . 28)。

エ　適　切。株主は、株主総会の決議の方法が法令に違反するときは、株主総会決議取消しの訴えを提起することができる (831 条 1 項 1 号)。そして、取締役会設置会社において、招集通知に記載されていない議題について株主総会の決議がされた場合は、決議の方法が法令 (309 条 5 項本文、298 条 1 項 2 号) に違反するから、株主は、株主総会決議取消しの訴えを提起することができる。

オ　不適切。募集株式発行に関する株主総会の決議の内容が法令に違反する場合、株主は、募集株式が発行される前に限り、募集株式発行に関する株主総会決議の無効確認の訴え (830 条 2 項) を提起して、その無効を主張することができる。しかし、募集株式がすでに発行された後は、募集株式発行に関する株主総会決議の無効確認の訴えは訴えの利益を欠くこととなり、株主は当該訴えを提起することができない (最判昭 40. 6 . 29)。募集株式が発行された後に株主が当該募集株式発行の無効を主張するには、募集株式発行無効の訴え (828 条 1 項 2 号) を提起するしかないと考えられる。

正解　オ

問題 100. 会社の登記に関する以下のアからオまでの記述のうち、最も適切ではないものを１つ選びなさい。

ア. 会社法の規定により登記すべき事項は、一定の事項を除き、当事者の申請又は裁判所書記官の嘱託により、商業登記法の定めるところに従い、商業登記簿にこれを登記する。

イ. 会社法の規定により登記すべき事項は、登記の後でなければ、これをもって善意の第三者に対抗することができない。

ウ. 会社法の規定により登記すべき事項は、登記の後であっても、第三者が正当な事由によってその登記があることを知らなかったときは、これをもって当該第三者に対抗することができない。

エ. 故意又は過失によって不実の事項を登記した者は、正当な事由によってその事項が不実であることを知らなかった第三者に対してのみ、その事項が不実であることを対抗することができない。

オ. 登記した事項に変更が生じ、又はその事項が消滅したときは、当事者は、遅滞なく、変更の登記又は消滅の登記をしなければならない。

問題 100.　　　会社の登記

ア　適　切。会社法の規定により登記すべき事項は、938 条 3 項の保全処分の登記に係る事項を除き、当事者の申請又は裁判所書記官の嘱託により、商業登記法の定めるところに従い、商業登記簿にこれを登記する（907 条）。

イ　適　切。会社法の規定により登記すべき事項は、登記の後でなければ、これをもって善意の第三者に対抗することができない（908 条 1 項前段）。

ウ　適　切。会社法の規定により登記すべき事項は、登記の後であっても、第三者が正当な事由によってその登記があることを知らなかったときは、これをもって当該第三者に対抗することができない（908 条 1 項後段）。

エ　不適切。故意又は過失によって不実の事項を登記した者は、その事項が不実であることをもって善意の第三者に対抗することができない（908 条 2 項）。

オ　適　切。登記した事項に変更が生じ、又はその事項が消滅したときは、当事者は、遅滞なく、変更の登記又は消滅の登記をしなければならない（909 条）。

正解　エ

会社法法務士認定試験　公式精選問題集

2024年5月15日　初版第1刷発行

編　者　一般財団法人 全日本情報学習振興協会
発行者　牧野 常夫
発行所　一般財団法人 全日本情報学習振興協会
〒101-0061　東京都千代田区神田三崎町3-7-12
清話会ビル5F
TEL：03-5276-6665

販売元　株式会社 マイナビ出版
〒101-0003　東京都千代田区一ツ橋2-6-3
一ツ橋ビル2F
TEL：0480-38-6872（注文専用ダイヤル）
03-3556-2731（販売部）
URL：http://book.mynavi.jp

印刷・製本　日本ハイコム株式会社

※乱丁・落丁のお問い合わせ
TEL：0480-38-6872（注文専用ダイヤル）
電子メール：sas@mynavi.jp

ISBNコード　978-4-8399-8707-7　C2034
Printed in Japan